近代经济生活系列

外债史话

A Brief History of
Foreign Debt in China

陈争平 / 著

社会科学文献出版社
SOCIAL SCIENCES ACADEMIC PRESS (CHINA)

图书在版编目（CIP）数据

外债史话/陈争平著. —北京：社会科学文献出版社，2011.5

（中国史话）

ISBN 978 - 7 - 5097 - 1951 - 0

Ⅰ.①外… Ⅱ.①陈… Ⅲ.①外债 - 经济史 - 研究 - 中国 Ⅳ.①F812.9

中国版本图书馆 CIP 数据核字（2011）第 075996 号

"十二五"国家重点出版规划项目

中国史话·近代经济生活系列

外债史话

著　　者／陈争平

出 版 人／谢寿光
总 编 辑／邹东涛
出 版 者／社会科学文献出版社
地　　址／北京市西城区北三环中路甲 29 号院 3 号楼华龙大厦
邮政编码／100029

责任部门／人文科学图书事业部 （010）59367215
电子信箱／renwen@ ssap. cn
责任编辑／宋荣欣　孔　军
责任校对／李海云
责任印制／郭　妍　岳　阳
总 经 销／社会科学文献出版社发行部
　　　　　（010）59367081　59367089
读者服务／读者服务中心 （010）59367028

印　　装／北京画中画印刷有限公司
开　　本／889mm × 1194mm　1/32　印张／5
版　　次／2011 年 5 月第 1 版　　字数／89 千字
印　　次／2011 年 5 月第 1 次印刷
书　　号／ISBN 978 - 7 - 5097 - 1951 - 0
定　　价／15.00 元

总　序

　　中国是一个有着悠久文化历史的古老国度，从传说中的三皇五帝到中华人民共和国的建立，生活在这片土地上的人们从来都没有停止过探寻、创造的脚步。长沙马王堆出土的轻若烟雾、薄如蝉翼的素纱衣向世人昭示着古人在丝绸纺织、制作方面所达到的高度；敦煌莫高窟近五百个洞窟中的两千多尊彩塑雕像和大量的彩绘壁画又向世人显示了古人在雕塑和绘画方面所取得的成绩；还有青铜器、唐三彩、园林建筑、宫殿建筑，以及书法、诗歌、茶道、中医等物质与非物质文化遗产，它们无不向世人展示了中华五千年文化的灿烂与辉煌，展示了中国这一古老国度的魅力与绚烂。这是一份宝贵的遗产，值得我们每一位炎黄子孙珍视。

　　历史不会永远眷顾任何一个民族或一个国家，当世界进入近代之时，曾经一千多年雄踞世界发展高峰的古老中国，从巅峰跌落。1840 年鸦片战争的炮声打破了清帝国"天朝上国"的迷梦，从此中国沦为被列强宰割的羔羊。一个个不平等条约的签订，不仅使中国大量的白银外流，更使中国的领土一步步被列强侵占，国库亏空，民不聊生。东方古国曾经拥有的辉煌，也随着西方列强坚船利炮的轰击而烟消云散，中国一步步堕入了半殖民地的深渊。不甘屈服的中国人民也由此开始了救国救民、富国图强的抗争之路。从洋务运动到维新变法，从太平天国到辛亥革命，从五四运动到中国共产党领导的新民主主义革命，中国人民屡败屡战，终于认识到了"只有社会主义才能救中国，只有社会主义才能发展中国"这一道理。中国共产党领导中国人民推倒三座大山，建立了新中国，从此饱受屈辱与蹂躏的中国人民站起来了。古老的中国焕发出新的生机与活力，摆脱了任人宰割与欺侮的历史，屹立于世界民族之林。每一位中华儿女应当了解中华民族数千年的文明史，也应当牢记鸦片战争以来一百多年民族屈辱的历史。

当我们步入全球化大潮的 21 世纪，信息技术革命迅猛发展，地区之间的交流壁垒被互联网之类的新兴交流工具所打破，世界的多元性展示在世人面前。世界上任何一个区域都不可避免地存在着两种以上文化的交汇与碰撞，但不可否认的是，近些年来，随着市场经济的大潮，西方文化扑面而来，有些人唯西方为时尚，把民族的传统丢在一边。大批年轻人甚至比西方人还热衷于圣诞节、情人节与洋快餐，对我国各民族的重大节日以及中国历史的基本知识却茫然无知，这是中华民族实现复兴大业中的重大忧患。

中国之所以为中国，中华民族之所以历数千年而不分离，根基就在于五千年来一脉相传的中华文明。如果丢弃了千百年来一脉相承的文化，任凭外来文化随意浸染，很难设想13亿中国人到哪里去寻找民族向心力和凝聚力。在推进社会主义现代化、实现民族复兴的伟大事业中，大力弘扬优秀的中华民族文化和民族精神，弘扬中华文化的爱国主义传统和民族自尊意识，在建设中国特色社会主义的进程中，构建具有中国特色的文化价值体系，光大中华民族的优秀传统文化是一件任重而道远的事业。

当前，我国进入了经济体制深刻变革、社会结构深刻变动、利益格局深刻调整、思想观念深刻变化的新的历史时期。面对新的历史任务和来自各方的新挑战，全党和全国人民都需要学习和把握社会主义核心价值体系，进一步形成全社会共同的理想信念和道德规范，打牢全党全国各族人民团结奋斗的思想道德基础，形成全民族奋发向上的精神力量，这是我们建设社会主义和谐社会的思想保证。中国社会科学院作为国家社会科学研究的机构，有责任为此作出贡献。我们在编写出版《中华文明史话》与《百年中国史话》的基础上，组织院内外各研究领域的专家，融合近年来的最新研究，编辑出版大型历史知识系列丛书——《中国史话》，其目的就在于为广大人民群众尤其是青少年提供一套较为完整、准确地介绍中国历史和传统文化的普及类系列丛书，从而使生活在信息时代的人们尤其是青少年能够了解自己祖先的历史，在东西南北文化的交流中由知己到知彼，善于取人之长补己之短，在中国与世界各国愈来愈深的文化交融中，保持自己的本色与特色，将中华民族自强不息、厚德载物的精神永远发扬下去。

《中国史话》系列丛书首批计 200 种，每种 10 万字左右，主要从政治、经济、文化、军事、哲学、艺术、科技、饮食、服饰、交通、建筑等各个方面介绍了从古至今数千年来中华文明发展和变迁的历史。这些历史不仅展现了中华五千年文化的辉煌，展现了先民的智慧与创造精神，而且展现了中国人民的不屈与抗争精神。我们衷心地希望这套普及历史知识的丛书对广大人民群众进一步了解中华民族的优秀文化传统，增强民族自尊心和自豪感发挥应有的作用，鼓舞广大人民群众特别是新一代的劳动者和建设者在建设中国特色社会主义的道路上不断阔步前进，为我们祖国美好的未来贡献更大的力量。

陈奎元

2011 年 4 月

⊙陈争平

作者小传

陈争平，清华大学教授、博士生导师，中国社会科学院经济研究所特邀研究员，中国经济史学会副会长、近代经济史专业委员会会长。著有《1895～1936年中国国际收支研究》（获中国社科院第三届优秀成果奖一等奖）、《中国近代经济史，1895～1927》（合作，获孙冶方经济学优秀成果著作类奖、第四届吴玉章人文社会科学一等奖、第二届郭沫若中国历史学奖一等奖）、《中国近现代经济史教程》（合作，国家"十一五"规划教材）、《中国近代经济史，1927～1937》（合作）等。

目　录

引　言 …………………………………………………… 1

一　甲午战前的外债 ……………………………………… 3

　1. 鸦片战争前的"商欠"改"官欠" ………………… 3

　2. 镇压小刀会、太平军所用外债 …………………… 8

　3. "西征借款" ………………………………………… 13

　4. 福建台湾防务借款 ………………………………… 17

　5. 中法战争用借款 …………………………………… 20

　6. 实业借款的开始 …………………………………… 23

二　清末外债 ……………………………………………… 30

　1. 有关甲午战争的外债 ……………………………… 30

　2. 清末铁路借款 ……………………………………… 35

　3. 所谓"庚子赔款借款" …………………………… 39

　4. 清政府其他外债 …………………………………… 41

三　南京临时政府与北洋政府时期的外债 ……………… 47

　1. 南京临时政府的外债 ……………………………… 47

2. 国际银行团对中国借款的垄断及
"善后大借款" ································· 51

3. 1913 年 5 月至 1916 年北洋政府的外债 ········· 56

4. "西原借款" ································· 64

5. 新国际银行团与北洋政府后期外债 ········· 76

6. 汉冶萍借日债的历史教训 ················· 80

四 国民党统治时期的外债 ················· 93

1. 南京国民政府对外债的整理 ········· 93

2. 美麦借款、美棉麦借款和中德易货
信用借款 ································· 96

3. 抗战前南京政府的铁路外债 ········· 101

4. 抗战时期国民政府的外债 ················· 108

5. 抗战胜利后的外债 ················· 120

五 总 的 评 价 ································· 130

参 考 书 目 ································· 134

引　言

　　外债，是向外国政府或外国银行、外国企业等举借的债务。随着世界资本主义经济的发展，国际债务关系也广泛地发展起来。在近现代世界史上，外债不仅成为国际资本流动、国际经济往来的主要方式，而且也是国际外交斗争、国际政治活动中的一种重要手段。在近代中国，特别是在甲午战争以后，外债问题成为影响中国财政、经济、政治、外交等许多方面的一个重大问题，以至要对这一时期的中国历史进行较为深入一点的考察，就必须了解近代的中国外债。近代不少有识之士痛陈滥借外债的害处，但是又有另外一些中国人明知是火坑，硬要往里跳。旧中国一些政府要人、一些企业家把外债当做救命稻草，梦寐以求。时至今日，不少学者认为近代对华贷款是外国资本——帝国主义侵略中国、奴役中国的主要工具，是帝国主义列强对华资本输出的主要方式，也是列强在半殖民地半封建的中国争夺势力范围、争夺侵略权益的重要手段；旧中国的反动政府则通过外债勾结外国侵略势力，镇压中国人民的反抗斗争和进行内战。又有一些人认为应从利用外资的角度重新认识近代中国的外债。笔者认为从不同角度多方位地认识近代中国的外债是很有必要的，但不能脱离近代中国社会历史条件，应根据历史事实，对近代外债进行具体考察。

外债，又有广、狭两义。狭义的仅指政府所借外债，广义的还包括民间所借外债。一般人们所说的近代外债，主要指政府外债。本书亦如此，但对近代民间所借外债中有重要影响者也有论及。从清代到民国，近代中国借过数百笔外债，各笔外债实际用途、贷款条件、外债对国家财政的影响等各有差异。清代外债在甲午战争前后有很大不同；民国外债，北洋政府统治时期和国民政府时期也有许多差别。本书分四个时期对中国近代外债进行评述。

一　甲午战前的外债

鸦片战争前的"商欠"
改"官欠"

中国最早的外债，要从清代乾隆年间的广东十三行说起。当时清政府利用一些广东洋货行行商专门办理对西方商人的贸易。人们把这些行商统称为"广东十三行"。这些行商数目并不固定为 13 家，多时达 26 家，少时仅 4 家，但"十三行"的称呼却沿用了下来。"十三行"享有垄断广东对外贸易的特权，并代清政府收税，协助清政府监督管理对西方的贸易。

18 世纪后期，随着中西商业交往的不断扩大，进出口贸易额的成倍增长，中西商人之间资金往来频繁，除了现货交易外，赊购赊销、预付货款或预付定金等商业信用活动也日趋活跃。在这些活动中，"十三行"行商与西方商人之间相互欠来欠去，债务关系频频出现。在这些债务关系里面，既出现过外商无力还债，逃之夭夭的情况，也常有一两家中国行商因不能如期归还外债而破产的事情发生。后来，英国大垄断公司东印度公司，以及其他一些洋商为了对"十三行"行商实施经济上的控制，常利用商业高利贷放款的办法，使中国行商成为他们的债务人。

高利贷剥削是前资本主义生产方式的产物。当时西方社会在从封建主义向资本主义的过渡中逐步废除了高利贷，例如英国于1571年废除高利贷后，最高利率从10%降到1624年的8%，1714年后的5%。而中国的高利贷剥削仍然十分猖獗，乾隆年间广州年息一般都在20%左右，高的达30%～40%。中西利率之差，成为来华外商发财的一个门路。他们贷款给中国行商的利率往往低于中国利率，而高于西方利率，这样既能通过发放商业贷款促进他们对中国的贸易，又能利用利率之差捞取金融上的好处。外国商人出借的款项，往往并不支付现金，而是开出由他们在本国的代理行号承兑的汇票，接受这种贷款的中国行商，必然要接受由西方债主规定的汇率，这样又使西方债主能获取汇率上的利益。并且，随着贸易的发展，中国行商在资金周转方面对外商贷款的依赖程度日益加深，西方债主还能在经济上控制中国行商。进入19世纪后，新成立的中国行号，几乎完全依靠英国东印度公司的贷款支持，它们的存在与否，取决于"公司的支持与否"。接受贷款的中国行商，不仅要担负沉重的利息，还要接受外国公司的监督。中国行号之间贸易份额的分配、进出口商品价格的决定等也越来越受到外商的控制。

广东十三行本来都属于封建牙商性质，较富裕者

"不过三四家，其余……本非殷实"。几家较富裕者也不是很积极地把资本投入到对外贸易中，而是用于地产投机与家庭奢侈消费。十三行又不像西方商人那样能得到本国金融组织的撑腰。以上这些就使得十三行在与西商的资金往来中处于相对软弱的地位，越来越多地依赖于外商的贷款，忍受外商高利贷盘剥。中国行商在另一方面还要成为中国封建官府与贪官污吏敲诈勒索的对象。行商要为官府采办贡品，交纳名目繁多的捐纳、捐输、备贡银两等。至于官吏的敲诈，更是不胜枚举。因此到乾隆后期，广东十三行行商因亏累日益，无法偿还外债，不得不宣布破产的情况增多，所欠款项增多。

清政府一方面对破产的行商采取抄家、充军等严酷惩罚手段，意图遏制这种势头，另一方面令其余行商摊还"行欠"（人们把这种破产行商所欠债务称为"行欠"）。行商们不愿自己掏腰包，于是议定在原来的进出口关税之外再加征"行用"，作为十三行公行清偿破产行商债务的一种保险基金。虽然加征"行用"增加了外商负担，但是由于用"行用"归还债务，也为外商提供了"非常有价值的一种保障"，外商尽管不满也还是接受了。有时由于外商的催逼，行商筹款一时来不及，清政府就令地方官员从官库银、养廉银中先代为垫款。这样，"行欠"用"行用"摊还，以及政府财政介入"行欠"的清偿，使"行欠"这种"商欠"带有了部分"官欠"的色彩。

广州行商严启昌开设的兴泰行曾是非常活跃的一

家贸易行号，它主要经营茶叶出口和鸦片进口贸易，其交易额曾几乎占广州对外贸易总额的 1/5 至 1/4。但是到了 1836 年底，兴泰行竟因投机失败并受外国商人高利贷的盘剥，负欠外债达 2738768 元，不能维持信用而宣告破产。时隔半年多，广州行商梁承禧开设的天宝行，也因负欠外商约 100 万元的债务无法偿还而宣告破产。广东公行曾经答应外商分别在 8 年、10 年内清偿兴泰行、天宝行所欠外债，并在鸦片战争前已偿付了一小部分，余下的 300 万元因鸦片战争的爆发而偿付无形中断。

在 18 世纪和 19 世纪上半期，西方国家对中国茶叶、丝绸等商品需求日益扩大，而西方出产的毛呢制品在中国很难销售，英国的棉布在当时的中国也没有什么市场，相反中国的"南京布"却一度行销欧美。西方国家用在英国殖民地印度出产的棉花，及在东南亚殖民地出产的热带产品来交换中国的丝、茶，但是这也远远不能抵付中国出口商品的价值。英国侵略势力就在印度大量生产鸦片来向中国输出，换取中国的商品和白银。美国、沙俄等西方商人也紧随其后，对中国进行鸦片贸易。鸦片贸易使中国白银大量外流，给中国经济造成很大损失，还对中国人民的身心健康造成严重损害。1839 年清政府在社会舆论压力下，派钦差大臣林则徐赴广东查禁鸦片输入。林则徐在广东虎门大量销毁了依法没收的鸦片，严厉禁止鸦片走私贸易。英国侵略势力为了继续在中国推行罪恶的鸦片贸易，扩大对华侵略活动，于 1839 年 11 月发动了被称为"强盗战争"的侵华战争，历史学家们把这次战争叫做"第一次鸦片战争"。

战争打打谈谈。在这期间，1840年3月英国曼彻斯特商会主席莫克·维卡上书英国首相巴麦尊，要求英政府代他们向清政府追讨兴泰行、天宝行的"行欠"。这一意见受到英国政府的重视。1841年2月英首相巴麦尊在给英国在华全权代表义律的信中明确指示他们要向中国政府追讨"行欠"，并要求还债的款项"要出自（中华）帝国的财源，而不要用广州进出口货增税的办法征自英国商业"。这样，把"行欠"由鸦片战争前的"商欠"改成清政府的"官欠"，由中国政府偿还的办法已在英国方面酝酿成熟。

腐朽的清政府在第一次鸦片战争中打了败仗。在英国侵略军的威逼下，清政府派钦差大臣耆英、伊里布与英国全权代表璞鼎查在南京江面的英国军舰上签订了中国历史上第一个不平等条约——《南京条约》。该条约第五条规定："凡大英商民在粤贸易，向例全归额设行商，亦称公行者承办。今大皇帝准以嗣后不必仍照向例……且向例额设行商等，内有累欠英商甚多，无措清还者，今酌定洋银三百万元，作为商欠之数，准明由中国官为偿还。"这一条文废除了广东十三行垄断对外贸易的特权，又正式规定把兴泰行、天宝行的300万元"商欠"改成"官欠"，连同1800万元的销毁鸦片价款和军事赔款，共2100万银元，由清政府赔还。

后来，有学者认为，《南京条约》签订后这300万元"行欠"成为历史上中国政府的第一笔外债。也有人认为，所谓外债，应当先有收入，后再还本付息，而这 300 万元中国政府先前并无收入，应与另外 1800 万元一样，属于战争赔款性质。据有关资料表明，这 300 万元后来还是由清政府勒令中国行商摊还，因此我们认为《南京条约》把"商欠"变成"官欠"，清政府又用行政命令把"官欠"变回"商欠"，这 300 万元仍然应该属于"商欠"性质，清政府在其中不过起了一种"勒追"的作用。

关于这 2100 万元赔款，《南京条约》曾规定在其未全部付清前，英国军队可以继续占领中国浙江的定海和福建的鼓浪屿。为此，英国侵略者曾主动提出可以把赔款转成低利债款，以便借口延期付赔，使英军长期占领定海和鼓浪屿。清政府户部也一度认为这种低利债款"无害民生，有裨权务"。不过，清政府最后还是决定按期付赔，以免瓜葛。这是近代中国一次拟欠而未成的债务筹划情况。

 镇压小刀会、太平军所用外债

清政府正式对外举借的第一笔外债发生于 1853～1854 年间。当时太平天国定都南京，这对正在长江三角洲地区扩张侵略的外国资本主义是个极大的威胁。一些仇视太平天国革命、企图浑水摸鱼的旅沪外商，向清政府地方当局如江苏巡抚薛焕等人表示，愿意提供贷款，以支持清政府的统治。薛焕等人正苦于军费罗掘俱穷，于是上奏朝廷，怂恿尝试举借外债。清政府未置可否，采取了听之任之的态度。不久，刘丽川等人领导的小刀会起义军响应太平天国革命，占领了上海县城。为了雇募外国侵略者的船炮以镇压小刀会起义军，由旧广东同顺行商、当时任清政府苏松太道官职的吴健彰经手，清地方政府向上海洋商借债。上海此时正逐步取代广州，成为中国最大的通商口岸，成为外国资本主义对华经济侵略的最重要基地，在上海的外国侵略势力也非常仇视小刀会起义，因此也愿意贷款帮助清政府镇压起义。这笔债务得到了清廷的认可。上海小刀会起义军在封建政权和外国侵略者的联合围攻下，寡不敌众，被血腥镇压。为镇压上海小刀会起义所借款项成为清政府正式举借的第一笔外债。这笔外债数额未详，仅就 1855 年和 1856 年两次在清政府于江海关洋税收入中扣还外商的银数来说，已达127728 两。

1857 年 12 月，英法侵略者以修改《南京条约》为借口，组成联军，进攻广州，发动了第二次鸦片战争。广东人民纷起反抗侵略者，并配合太平军就地起义。清政府的广东地方官僚不但不参加抗战，反而把镇压起义抗战的人民作为媚外的手段。为了满足镇压起义的军需，两广总督黄宗汉以粤海关印票作抵押，由怡和行商伍崇曜经手，向美国资本旗昌洋行借债。这笔外债总数 32 万两银，月息 6 厘。后来清政府一些官员曾经企图强迫广东行商代还，作为行商对清政府的报效。行商则依靠外国侵略势力，由外国领事出面讨债，引起数年的纠葛。直至美国公使蒲安臣直接施加压力，才迫使清政府于 1866～1870 年间在粤海关税收中如数还本，利息则由怡和行商伍崇曜负担。

1860 年 10 月英法侵略军攻占北京，大肆抢掠，并火烧圆明园。清政府在英法侵略者逼迫下签订了丧权辱国的《北京条约》。此后清政府与外国侵略者进一步相勾结，依靠外国侵略势力的帮助，共同绞杀太平天国革命和其他起义武装力量。为了满足镇压各地起义武装的军需开支，清政府除了在各地加征厘金等捐税外，举借的外债也日益增加。例如，1860 年、1862 年太平军曾经三次攻打上海清军，上海被太平军重重包围，商贩等裹足不前，上海贸易停顿。清军淞沪各防军饷，本以商捐、厘金为大宗，此时厘捐无收，军饷来源断绝，无法维持；这时清政府为了运送驻扎在安庆的李鸿章淮军赴上海增援，也需要花钱雇募外国轮船；后来清政府雇佣外国流氓、打手等组成反革命武装"洋枪队"，以协助淮军镇压太平军，也需要大量军饷等；清朝在上海的地方官吴煦等在 1861 年 12 月至 1862 年 12 月间就曾经六次向怡和洋行、阿加剌银行、敦裕洋行等外商借债共 119 万多两库平银。据不完全统计，1861～1865 年间，江苏、福建、广东等省的地方官僚如薛焕、瑞璜、徐宗干、李鸿章等为了镇压太平军及其他起义武装，先后向外商举借过 14 次外债，总额约合库平银 255.7 万两（参见表 1-1）。

关于这一时期清政府外债情况，值得一提的还有"李泰国、阿思本舰队"一案有关外债。1862 年清政府为了筹建海军，曾经委托当时任中国海关总税务司的

表1—1 太平天国时期清政府外债统计表

借款年份	借款名称	承借者	贷款者	借款金额	折合（万库平两）	利息	期限
1853	上海洋商借款	苏松太道	上海洋商	127728 库平两	12.77	本息在内	半年
1858	旗昌洋行借款	两广总督	旗昌洋行	320000 库平两	32.00	月0.6%	4个月
1861	苏松太道借款1	苏松太道	怡和洋行	100000 规平两	9.12	年1分	
1861	福建借款1	福建巡抚	福州厦门洋商	356000 库平两	35.60	48880 两	
1861	福建借款2	福建巡抚	福建厦门洋商	100000 库平两	10.00	本息在内	
1862	江苏借款1	江苏巡抚	上海洋商	205000 规平两	18.70		
1862	苏松太道借款2	苏松太道	怡和洋行	200000 规平两	18.25	月7厘	1年
1862	苏松太道借款3	苏松太道	阿加剌银行	400000 规平两	36.50	年1.2分	
1862	苏松太道借款4	苏松太道	敦裕洋行	300000 规平两	27.37	年1.2分	
1862	苏松太道借款5	苏松太道	阿加剌银行	100000 规平两	9.12	年8厘	10个月
1863	江苏借款2	江苏巡抚	上海洋商	180000 规平两	16.42	月1厘	
1863	江苏借款3	江苏巡抚	上海美商洋行	123951 库平两	12.40	本息在内	
1864	江苏借款4	江苏巡抚	上海美商洋行	80990 库平两	8.10	本息在内	1年
1864	福建借款3	福州将军	厦门洋商	150000 库平两	15.00	年8厘	1年
1864	福建军需借款	闽浙总督		300000 两番银	30.00		
1865	广东借款	广东巡抚	颠地洋行	100000 两洋银	9.12	年1.5分	1年
合 计					300.47		

英国人李泰国赴英购买船炮。为此，清政府曾先后汇给李泰国80万两银。李泰国回中国后声称，80万两银仅够置办轮船炮位，他在英国借款约合15万两银，交统带舰队的英军上校阿思本收存，以买各物；他另外还置办了一些器材尚未付款，于是他又在上海向洋商借银12万两付账。清政府对李泰国所言虽有怀疑，但仍然令上海道签立12万两的借据给李，由江海关税收中逐月抽还给李，并由粤、潮、闽等5个海关在一个月内凑银15万两还李所借英国债务。后因太平天国革命已被镇压，而李泰国、阿思本又企图控制中国海军，与清政府发生矛盾，争执的结果，中英双方商定，阿思本舰队退还英国，中国需付舰队外籍人员薪水约16.2万两银。不久，清政府免去李泰国的海关总税务司职务。在办移交过程中查出，李泰国所谓在上海代借的前项12万两银，实际上并未借用；李泰国在英国收到的中国购船汇款也未全部用完，尚余1.4万英镑（约合4.44万两银）被李泰国存入英国银行，由此看来他所谓购船款不够在英借款15万两也是假的。因此清政府命令江海关等停付李泰国款项，原来已付者要向李追回。在这一案中，英国侵略者李泰国利用清政府欲建立海军的机会，既要大捞一笔钱，又要控制中国海军指挥权，暴露了他的丑恶面目。清政府则白白花掉数十万银两。在筹款购买船炮过程中，除李泰国经手的两笔外债不能算数以外，还曾由福州将军经手向洋商借款15万两银（表1－1中"福建借款3"）。

"西征借款"

19 世纪 60～70 年代，陕西、甘肃、新疆等地回民起义普遍高涨。土耳其苏丹和英国侵略者又趁机扶植阿古柏集团在新疆建立西方殖民主义者的傀儡政权，进行分裂活动，使新疆几乎沦为异域。清政府派湘军著名将领、时任闽浙总督的左宗棠改任陕甘总督，率大军西征，先是镇压捻军和西北回民起义，后来又平定新疆阿古柏集团的叛乱分裂活动。由于当时清政府国库空虚，左宗棠的西征军欠饷很多，军需供应十分困难。左宗棠是清政府中一位洋务派大将，他在主持创办福建马尾船政局时与洋人经常打交道，当后来他所率领的西征军军需紧急、万不得已时，他就一再向上海洋商、汇丰银行等借洋款来供应军需。这些借款于 1867～1881 年间举借，先后共有六笔，都是由左宗棠以西征军需急用的名义所借，人们将它们统称为"西征借款"，详见表 1－2。

六笔西征借款总额共为 1595 万两库平银，约占西征军需总额的 15%。其中前三笔共 520 万两，主要用于镇压西北回民起义的军需；从第四笔西征借款起，用于平定新疆阿古柏集团的叛乱分裂活动，约占西征借款总额的 2/3。西征借款对于满足左宗棠西征军队的急需起了较为重要的作用，使西征军得以平定叛乱，使新疆复归于祖国怀抱。六笔西征借款数额都在百万两以上，高于清政府以前所借的外债，特别是第四笔

表 1 - 2　西征借款统计表

借款年份	借款名称	贷款者	借款金额	折　合 （万库平两）
1867	西征借款 1	上海洋商	1200000 库平两	120
1868	西征借款 2	上海洋商	1000000 库平两	100
1875	西征借款 3	怡和、丽如	3000000 库平两	300
1877	西征借款 4	汇丰银行	1604276 英镑	500
1878	西征借款 5	汇丰银行	1750000 库平两	175
1881	西征借款 6	汇丰银行	1255350 英镑	400
合　计				1595

借款年份	中国政府 实付利息	经手人 所报利息	洋商贷出 利　息	银行在市场 发行利息	期限
1867	月 1.5%	月 1.3%	月 0.8%		半年
1868	月 1.5%	月 1.3%	月 0.8%		10 个月
1875	年 10.5%	年 10.5%	年 10%		3 年
1877	年 15%	年 12%	年 10%	年 8%	7 年
1878	年 15%	年 15%	年 10%	年 8%	6 年
1881	年 9.75%	年 9.75%	年 8%		6 年
合　计					

　　西征借款，其数额高达 500 万两。它们的利息也很高，最高的两笔借款月息都高达一分五。而且引人注意的是，西征借款每一笔都出现了几种不同的利息，这就是：中国政府实际所付的利息、经手人所报的利息、外国银行或洋行贷出的利息、外国银行在市场上发行的利息。四种利息之间，依次出现不同的差距。中国政府所付的利息和外国银行在市场上发行债券的利息，有的相差竟高约 100%。后两种利息之间的差距，使得经手借款的丽如、汇丰等外国银行获得巨额利润。而

前几种利息之间的差距，则与中国经手人的中饱私囊有关。

西征借款都是由左宗棠的采办委员、人称"红顶商人"的胡光墉经手举借。胡光墉，字雪岩，他亦官亦商，又被认为是"深通夷情"，曾在杭州等地开设银号，并经营出口丝业，设立胡庆余堂中药店等，富甲天下，是清同治、光绪年间有名的大商人。胡雪岩在西征时期为清政府上海采运局官员，主持购运西洋军火等，他在代左宗棠向洋商借还债过程中，在利息上做了一些手脚，趁机为自己大捞了一把。第一、二笔西征借款洋行贷出利息为月息0.8%，胡雪岩所报为月息1.3%，清政府实际付息为月息1.5%；其他几笔西征借款也有这种情况，例如1877年的第四次西征借款，汇丰银行索取的利息是年息一分（10%），左宗棠向清政府呈报时，却含糊其辞地改为"每月一分行息"（年息12%），其中2个百分点的年息差距，作为给胡雪岩的报酬；后来他们又以德商泰来洋行"包认实银"为由，每月再加息银二厘五毫，折合年息为15%，比汇丰银行索取的利息高出了50%。所谓德商"包认实银"，实际上不过是胡雪岩的中饱手法，当时外文报纸就曾经揭露说，这是中国政府给胡雪岩的一笔巨款。胡雪岩在经手西征借款过程中所侵占的部分公款，后来以官府抄没他的一些家产变价抵充。

在西征借款中，还第一次出现了中外商人的"合作"。第四次西征借款虽然数额高达500万两，但不到一年工夫，左宗棠又感到军费供应不上，也许是由于刚刚向汇丰银行借过一大笔钱，不便再伸手去借，左宗棠就嘱托胡雪岩向华商议借银款。胡雪岩在上海组织了一个公司，专办借款。当该公司只凑到 175 万两的华商借款而商人们又心起疑虑时，汇丰银行却自己找上门，愿意以同等数目"附入华款出借"。这就形成了中外商人合作的数额为 350 万两的第五次西征借款，其中 175 万两为内债，175 万两为外债。

由于西征借款数额大，利息高，在借还款过程中又有一些猫腻，所以尽管这些借款都得到了清政府的允许，清廷还提出，"洋款如何筹措，着左宗棠自行酌度奏明办理"，但是仍然引起朝野纷纷议论。在这些议论中，也反映了当时中国一些有识之士对外债的认识。

例如清代著名外交家曾纪泽（曾国藩之子，曾经在中俄有关新疆伊犁问题的交涉中为维护祖国利益作出了贡献）一方面对西征借款远远高于国际市场利率的重利表示痛惜，另一方面又就此发表了自己关于外债的一些独到见解：①他认为"中国借民债，往往脱空欺骗"，使内债信誉太差，于是"遇有缓急，不得不贷诸洋商"，而洋商所贷之款，往往"仍购募股份取诸华民耳"，这样使居于中间人地位的洋商在一转手间获取巨利，而中国官方及民间"皆不获其利"。他对内外债之间的关系已有所认识。②他在清政府官员中较早地认识到矿务、铁路等是"兴利之政"，应当将所借外债投向这些兴利之政。他认为如果仅仅将所借外债供应军需，则外国人"以为有出无人，故不敢放手借出"，除非贪图重息者才肯放债。他认为清政府拆毁中国第一条铁路吴淞铁路的举措，十分愚蠢，使西方人"无不窃笑"，并使中国债券在国际市场的信用下降。在这里曾纪泽已隐约认识到国内经济举措与外债信用乃至外债利率之间的关系。③曾纪泽认为选用经手借款之人很重要，对于胡雪岩利用经手西征借款之机牟取私利而"病国蠹民"的行为深表痛恨，认为"虽籍没其资财，科以汉奸之罪，殆不为枉"。

也有一些官员从国际汇兑角度对西征借款中的亏损进行了讨论。

从这些议论中可以看出，虽然当时中国借外债的历史不长，但朝野上下已有不少人对于外债的认识水平达到了一定的高度。可惜的是，尽管有识之士关于外债的认识水平、关于利用外资的思想水平不断有所提高，但是由于清政府中腐朽落后势力与外国资本——帝国主义侵略势力的交互作用，清代利用外资搞好近代化的问题在实践中一直没有得到很好的解决，大多数外债实际上并没有投入到"兴利之政"中。正如我们后面所要看到的那样，近代中国外债成为中外反动势力相互勾结的重要手段，成为外国资本——帝国主义侵略中国的一个重要工具。

 福建台湾防务借款

在 19 世纪 70 年代和 80 年代初，清政府除了西征借款以外，还借过其他几笔外债，详见表 1 - 3。其中有用于补发新疆边防军饷的新疆俄商借款，用于凑还西征借款的丁日昌借款，较重要的还是要数 1874 年福建台防借款。

表 1-3　1872~1882 年清政府外债统计表 (西征借款除外)

借款年份	借款名称	承借者	贷款者
1872	使法借款	使法使臣	丽如银行
1874	福建台防借款	海防大臣	汇丰银行
1876	丁日昌借款	船政大臣	洋　商
1882	新疆俄商借款	塔尔参赞	新疆俄商

借款年份	借款金额	折合(万库平两)	利息	期限
1872	30000 库平两	3		
1874	627615 英镑	200	年息 8%	10 年
1876	200000 库平两	20		
1882	120000 库平两	12		

　　1874 年福建台防借款的由来，要从 19 世纪 70 年代初日本加紧吞并琉球，进而侵略台湾的活动说起。琉球在 14 世纪时为明帝国属国，后又向中日两国纳贡。日本自明治维新以后就开始准备吞并琉球。1872 年日本宣布设琉球藩，以琉球王为藩王，列入日本华族，以后又进行了一系列侵犯琉球主权的活动。由于中琉关系密切，在日本统治者看来，使清政府承认琉球属于日本是很有必要的。1871 年有几十个琉球船民被台湾土著居民杀害，日本侵略者抓住此事大做文章。1874 年，日本的侵略势力派远征军以惩罚台湾土著居民为借口侵略台湾，遭到台湾高山族居民抗击。

　　清政府派台湾海防大臣沈葆桢等一面与日本当局交涉，一面着手布置台湾防务。沈以"台湾防务吃紧，调兵募勇以及购买军火船炮各件，在在需饷"为理由，向英商汇丰银行借款。原先打算借债银600万两，后来实借900万两，分十年偿还。据《清朝续文献通考》所载，沈葆桢将此债款用于加强台湾防务，"筑炮台于澎湖，设海电（即海底电缆）于台湾、厦门之间，购枪于德，议购铁甲于丹，调淮军来台。防务既备……日人为之气夺"。这项借款对于加强台湾海防、遏制日本侵略者的野心，确实起了一定作用。日本侵略者面临台湾人民的英勇抗战及清政府加强海防的措施，不敢再硬战下去，而是改用外交手段来索赔罢兵。日本派使臣来华要求中国"赔款"，并请英国公使出面调停。在英国使臣再三"调停"的情况下，清政府对日本妥协，给侵略者"许以抚恤银五十万两"，使之罢兵归国。近代日本第一次武装侵华行动遭到失败，而清政府的赔款也是一个屈辱的表现。而且日本人在双方签订的《中日北京专条》前言中加入了"兹以台湾生番曾将日本国属民等妄为加害"等语句，暗指这一正式条约承认了1871年遇害的琉球船民为日本属民，为日本后来夺取琉球埋下了伏笔。另外，关于1874年福建台防借款，也有历史学家指出，用这项借款所购船舰、军火等，被用于镇压台湾高山族人民的起义斗争。

在清代外债史上，1874年福建台防借款还有几个明显的特点。

第一，还本时间长，是以前借款所不能比拟的。在此之前，中国所借外债，借期不过一两年，短的只有几个月，第一、二次西征借款，虽然数额都在百万两银以上，但还款期限分别为半年、10 个月，都属于临时周转性质。而福建台防借款第一次改变了这种状况，它的偿还期限定为 10 年。

第二，这项借款第一次以外币作为计算单位。在此以前，中国所有外债都是借银还银，而这项借款则是将银两按当时汇价折算成英镑，贷款归还都按英镑计算。由于 19 世纪 70 年代以后世界银价不断下降，以英镑计算债务，使得中国政府在利息负担之外，还要承受汇兑的损失。

第三，这项借款生意原是由汇丰银行和另一家英国银行丽如合做的，由于丽如坚持要求在伦敦发行债券，没有得到满足而中途退出，最后借款由汇丰一家承担，然而与汇丰签订的借款合同还是规定只在中国发行 30 万英镑，其余仍在国外发行。从此中国政府公债正式卷入世界资本市场。

第四，清政府外债多拿关税收入作为担保，以前多半是以一个海关的收入作保，只要一个中国海关监督出具印票即可；此时要全国各海关关税作保，要由盘踞中国海关总税务司英国人 R. 赫德出面担保。西方的著作把这项借款看做是"第一笔以外国人管理的中国海关作担保的贷款，为以后的贷款开了先例"。

 ## 中法战争用借款

19 世纪 70～80 年代，西方资本主义向垄断资本主义过渡，它们对工业原料和市场的企求更为迫切，抢夺殖民地、瓜分世界的争夺也更加激烈起来。法国殖民主义者屡次侵略中国南方邻邦越南，并企图以越南为跳板，进入中国的"后门"，向中国云南、广西等地扩张其势力。越南政府面对法军的侵犯，只得向中国刘永福领导的农民武装黑旗军求援。刘永福率黑旗军援越抗法，连打胜仗，挫败了法军打通红河、侵入云南的企图。1883年法国侵略者增兵越南，向援越的清军发动进攻。1884年法国侵略军集中兵力攻击援越清军，进逼广西。清军接连败退。同年8月法国海军又袭击台湾基隆炮台，封锁台湾。接着法军舰队又突然袭击停泊在福建马尾港的中国海军舰队，摧毁了福建海军，并焚毁中国马尾造船厂，这时清政府才正式下诏对法宣战。70岁老将冯子材起兵奔赴前线，他团结友军，联络边民，镇南关（今友谊关）一战，歼灭了入侵中国的法军精锐，接着乘胜出关，尽复一年所失之地。西线黑旗军和滇军也大败法军。在越南人民配合下，中国军队连打胜仗，法国当届政府因战争失败而垮台。正在此时，腐朽的清政府却与法国签订了和约，承认法国侵略者对越南的占领，并将谅山和老街划给法国，还开放云南、广西的边境口岸贸易。清政府这样做，断送了前线军民浴血奋战所获得的胜利，造成了世界史上罕见的战胜国屈膝丧权的奇耻大辱。清政府这样做，还刺激了英国、日本对中国邻邦缅甸、朝鲜的争夺和对中国边境的野心。

在中法战争中，清政府的海防费用，特别是购买外洋船炮的费用，主要依靠外债支付；两广、云南、福建等地军需用款，也有不少靠借外债来救急。清政府在中法战争中耗费的 3000 万两银，外债占 40% 多（不过其中有一些挪作一般军饷）。其中，两广总督所借外债就有六笔，共合 900 多万两银：四次广东海防借款，一共 500 多万两银，主要用于中法战争期间广东海防及军饷等；一次滇桂借款，100 万两银，由两广总督代借，用于正在抵御法军的刘永福黑旗军及云南、广西清军军饷开支；一次援台规越借款，约合 300 万两银，用于中法战争期间台湾及援越军军饷，各半支用。此外，还有主要用于福建海防的 100 万英镑的借款。详见表 1－4。

表 1－4　清政府中法战争用外债统计表

借款年份	借款名称	承借者	贷款者
1883	广东海防借款 1	两广总督	汇丰银行
1884	广东海防借款 2	两广总督	汇丰银行
1884	广东海防借款 3	两广总督	汇丰银行
1884	滇桂借款	两广总督	宝源洋行
1885	福建海防借款	闽浙总督	汇丰银行
1885	广东海防借款 4	两广总督	汇丰银行
1885	援台规越借款	两广总督	汇丰银行
合　计			

借款年份	借款金额	折合（万库平两）	年息	期限
1883	1000000 库平两	100	9%	3 年
1884	1000000 库平两	100	9%	3 年
1884	1000000 库平两	100	9%	3 年
1884	1394700 元港币	100	8.5%	3 年
1885	1000000 英镑	358.98	9%	10 年
1885	505000 英镑	201.25	9%	10 年
1885	750000 英镑	298.89	8.5%	9 年
合　计		1259.12		

清政府中法战争用外债共合银 1259 万两，其中92% 以上是向英国金融垄断机构汇丰银行所借，另外的贷款者也是英国资本。贷款利息都在年息 9% 或略低，高于同期其他一些贷款。还款年限为 3 年至 10 年，条件则为购买英国的军需品和船炮。这说明英国资本也要在中法战争中捞取它们自己的利益。中国用债款所订购的海军船舰，直到中法战争结束后两年才驶到中国。

6 实业借款的开始

在中法战争期间及战后，中国的财政愈加陷入困难的境地，而在这时，洋务派官僚修建铁路、厂矿等主张，在清政府内部日益占了上风，一些洋务企业逐渐开办起来。这些企业的开办，立即面临着筹集资金的大问题。当遇到资金困难时，一些官员就倾向于借"洋债"来搞"洋务"，所以从 80 年代开始，中国外债史上，除了以前的军需借款外，又出现了实业借款这一项利用外资的重要内容。

中国最早的实业借款是轮船招商局借款。轮船招商局成立于 1872 年，是清代最重要的洋务企业之一。它曾于 1877 年以分期付款的方式购买了美国旗昌轮船公司的全部财产，使其实力大大增加。当 1883 年上海金融恐慌发生时，招商局也面临金融危机，不得不于 1884 年 1 月向天祥、怡和等洋行借款，度过了危机局面，开了中国实业借款的先例。中法战争爆发时，招商局为使局属轮船免遭战祸而将轮船寄放于美国旗昌洋行；战后向旗昌洋行赎回轮船需要大笔钱，招商局又向汇丰银行借了30万英镑外债，才把轮船赎回。

80年代清政府内为"借洋款筑铁路"之事，曾经进行了激烈的争论，最后李鸿章等人"借款筑路"的主张占了上风。这时，"所有已成或拟借未成的债款，几乎遍及洋务派官僚的大小企业"。同时在另一方面，随着欧美资本主义国家向垄断资本主义过渡，资本输出对于它们有了越来越重要的意义，从19世纪80年代开始，它们在中国利用贷款掠夺工、矿、铁路等项权益的竞争越来越激烈，这又极大地制约和扭曲着近代中国利用外资的活动。

还在中法战争期间，法国侵略者一面和中国打仗，一面又于1884年10月通过李鸿章的亲信D.德璀琳，企图向清政府提供2000万两的贷款，作为"止兵"的条件，并言明贷款的一半必须用来购买法国军火及铁路器材等，还规定中国兴办铁路时要用法国监工，贷款先以海关作保，铁路建成后以铁路作保。在1885年中法签订和约时，法国方面要求在和约第七款中规定，如果中国建筑铁路，要"向法国业此之人商办"，这"商办"二字是可以把借款和让与权都包括进去的。中法战争后，以法兰西银行为后台的法国辛迪加在天津成立，立即与李鸿章的亲信周馥商洽向中国贷款之事。法兰西银行也在天津、北京成立分行，专门和中国官员"在金融上打交道"。

英国则力图维持它在中国的大债主地位。当中法战争结束、中国与法国进行谈判时，英国公使就警惕地注意到谈判中有关铁路修建的条款，一直到打听到这一条款并不给予法国以"专有利益"，他心上的一块石头才算掉了下来。担任中国海关总税务司的赫德也关注着英国在华的贷款权益。由于英国在中国有较强的实力，中国具有较大实权的李鸿章也一再声称，"有需借款，则英商最称殷实，谅无舍此而与他国商借者"，因此从80年代至甲午战争前清政府的24笔借款中，英国包揽了19笔，还和德国合贷了一笔（津沽铁路借款），借款额占总数的90%以上，其中单是汇丰银行一家就承揽了15笔，借款额约占总数的70%。在激烈的竞争中，英国资本家总是"尽最大的努力把自己的头露在水面上"。

西方新兴的德、美等国资本不甘落后，向英国在华传统的大债主地位发起了冲击。在左宗棠西征军需要借款时及在中法战争期间，德国资本都曾与汇丰银行争夺过对华贷款权。虽然一再被汇丰占先，但德国人仍然野心勃勃，又于1885年秋成立了一个以中国铁路让与权为目标的辛迪加，不久就向清政府提出了一个专供中国建筑铁路需要的3500万英镑的贷款计划。虽然当时清政府还不敢吞下这样一大笔借款，但一年以后津沽铁路（天津至大沽）的修建，部分地实现了德国资本家的愿望。这一年，德国华泰洋行以被李鸿章赞为"岁息减轻无过于此"的低利率，打破了英国资本的垄断，获得了三海工程借款和津沽铁路借款这两项权益。但是在津沽铁路借款中，德国的独占又受到英国的冲击。李鸿章在"英法各银行争来询商"的包围中，又把津沽铁路借款的一大半分给了英国怡和洋行。不过，缺口已经打开了。德国人在这以后把手伸向山东、福建、上海、贵州等地方当局，终于在山东有了新的收获，兜揽了两笔借款（见表1－5）。

　　美国旗昌洋行早在19世纪50年代就参与过向清政府贷款的活动。1885年，美国公使馆的参赞还拉拢美国国内资本家，企图以2000万两的贷款包揽中国铁路的建筑。美国囊括中国借款权的野心在1887年的米建威计划中彻底地暴露出来。米建威是美国金融资本白银集团的代表。他于1887年来中国向李鸿章、周馥、盛宣怀等兜售他的计划——通过建立一个庞大的金融机构华美银行，包揽中国的借款和其他投资活动。这一新银行资本初定为1000万两，中美各半，中国的一半资本除了用借款抵充外，中国政府再在美国发行年息3%的长期公债。银行的董事长由美方派人担任，中方的经理也得由美方董事长指派。银行业务包括经理中国外债、发行货币、为中国政府采办物资、经理中国国库。可以说，"笼天下之利，尽归所设银行"。当李鸿章的代表到美国进行接洽时，美国资本家们争着要借钱给中国，凑出来的数目共有5亿两。由于米建威计划不仅直接和英国财团及法、德等国资本发生尖锐冲突，也引起中国一些封建官僚的反对，在多方反对下这一计划没有实现。

　　由于清政府内部对于借外债办实业疑虑重重，矛盾较多，也由于西方资本主义国家之间明争暗斗，互

表 1-5　1883 年至甲午战争前清政府外债统计表（中法战费借款除外）

借款年份	借款名称	承借者	贷款者	借款金额	折合（万库平两）	年息	期限
1883	驻英借款	驻英使臣	汇丰银行	11085 库平两	1.11		
1884	招商局借款 1	轮船招商局	怡和、天祥	743000 规平两	67.80		
1884	沙面恤款借款	两广总督	汇丰银行	143400 库平两	14.34		
1885	神机营借款	神机营	怡和洋行	1500000 英镑	500		
1885	平度金矿借款	平度金矿	汇丰银行	180000 库平两	18		
1886	招商局借款 2	轮船招商局	汇丰银行	300000 英镑	121.71	7%	10 年
1886	南海工程借款	总理各国事务衙门	汇丰银行	300000 库平两	30	8.5%	10 年
				700000 库平两	70		30 年
1887	三海工程借款	醇亲王等	德国华泰银行	5000000 马克	98	5.5%	15 年
1887	津沽铁路借款	北洋大臣	怡和、华泰	1076000 库平两	107.60	5%	
1887	郑工借款 1	郑工督办大臣	汇丰银行	1000000 行平两	96.90	7%	1 年

借款年份	借款名称	承借者	贷款者	借款金额	折合（万库平两）	年息	期限
1888	郑工借款 2	郑工督办大臣	汇丰银行	1000000 库平两	100	7%	4 年
1888	津通铁路借款	北洋大臣	汇丰银行	134500 库平两	13.45		
1889	鄂省织布局借款 1	湖广总督	汇丰银行	160000 库平两	16	5%	
1889	湖北铁政局借款	湖广总督	汇丰银行	131670 两	13.18		
1889	石门煤矿借款	石门煤矿	礼和洋行	40000 两	4	15%	
1890	鄂省织布局借款 2	湖广总督	汇丰银行	60000 库平两	6	5%	
1890	嵩武军借款	山东巡抚	德国泰来洋行	200000 规平两	18.25	6.5%	4 年
1890	山东河工借款	山东巡抚	德华银行	400000 规平两	36.50	6.5%	4 年
1891	开平矿务局借款	开平矿务局	德华银行	200000 两	20	7.5%	
1892	驻德使馆借款	驻德使臣	德意志银行	79000 马克	1.55		
1893	广东借款		怡和洋行	1000000 库平两	100		11 年
合计					1454.39		

相拆台，因此在甲午战争前中国实际达成的实业借款协议并不多。据统计，这一时期达成的铁路借款只有津沽铁路借款、津通铁路借款两项，共计 121 万两强（另有一笔数额较大、有 500 万两银的神机营借款，名为建筑京西铁路所用，实际除了付购船炮款 248 万两以外，其余被用于修筑颐和园）；轮船招商局、湖北织布局、开平煤矿等洋务企业借款共八项，共 248.7 万两；还有为防治水患、购买挖泥船机而举借的河工借款三项，共 233.4 万两。

虽然清政府财政窘迫，但是封建统治者的挥霍越来越"大度"，皇宫里的广厦楼台要修整，慈禧太后要修筑颐和园，还要在园中装设电灯、电铃、冷热水浴室、西洋器具等"现代化"设备。办这些"事业"，也要"利用外资"。前面所述神机营借款，以及表1–5中的两项工程借款，都与此有关。1886 年南海工程借款和 1887 年三海工程借款都是用于修缮北京中南海和北海的皇家花园及宫殿。这两笔借款加上神机营借款中用于修筑颐和园的 248 万两，共合 400 余万两库平银，比这一时期铁路借款和工矿轮运企业借款的总和还多。

从表1–5中可以看出，外国实业贷款索取的利息率一般在 5% 至 8%，高于国际金融市场的利率水平，也高于在华洋商之间通融资金的利率水平，但低于外国资本贷予清政府军需贷款的利率，也低于同期中国金融市场的利率水平。

二 清末外债

 有关甲午战争的外债

　　1894 年中国邻邦朝鲜爆发了"东学党"领导的农民起义，朝鲜政府要求清政府派兵赴朝协助镇压起义军。日本军国主义者也借此大举出兵侵略朝鲜，在朝鲜另立傀儡政权。继而，日军袭击中国军队，击沉中国海上运兵船，发动了"甲午战争"。清政府虽然被迫对日宣战，但是在掌握清政府实权的慈禧太后、李鸿章等人的投降路线影响下，尽管清军将士中有不少人像左宝贵、邓世昌那样浴血奋战、英勇抗敌，清军仍然一败再败。在中日甲午战争期间，清廷战费紧迫，不得不大借外债。占据中国海关总税务司职位的英国人赫德联络汇丰银行向清政府提供了两笔巨额借款（汇丰银款、汇丰镑款），数达 2965 万多两。与甲午以前相比，每笔借款数额已由几十万两、几百万两的水平上升到千万两级的水平，借款期限也由过去几年、10 年增加到 20 年。其后，德国国家银行又通过瑞记洋行向中国贷款 100 万英镑（约合 622 万两），同时英国的军火商也通过伦敦克萨银行和麦加利银行贷出同样数额的借款。清政府在甲午战争中的费用超过 6000 万两，而上述这四大笔总数达 4000 余万两的外债，名义上都是为加强国防，实际上用这些借款筹办的所谓防务（其中后三笔于 1895 年交付），在中日战争中并没有起多大作用。清政府有关甲午战争的外债统计可见表 2 – 1。

表 2 – 1　清政府有关甲午战争外债统计表

借款年份	借款名称	贷款者	借款金额
1894	上海洋商借款	上海洋商	500000 两规元
1894	汇丰银款	汇丰银行	10000000 库平两
1895	汇丰镑款	汇丰银行	3000000 英镑
1895	瑞记借款	德国国家银行	1000000 英镑
1895	克萨镑款	伦敦克萨银行	1000000 英镑
1895	俄法借款	俄法财团	40000000 法郎
1896	英德借款	汇丰、德华	16000000 英镑
1898	英德续借款	汇丰、德华	16000000 英镑
总　计			

借款年份	折合（万库平两）	年息	折扣	实收额（万库平两）	期限
1894	50	7%		50	
1894	1000	7%		994.53	20 年
1895	1865.40	6%	95.5%	1711.89	20 年
1895	621.80	6%	96%	573.62	20 年
1895	621.80	6%	95.5%	570.63	20 年
1895	9896.84	4%	94.125%	9051.75	36 年
1896	9762.24	5%	94%	9142.51	36 年
1898	11277.68	4.5%	83%	8072.71	45 年
总　计	35095.76			30167.64	

清政府派李鸿章于 1895 年 4 月在日本马关签订中日《马关条约》，其主要内容有：中国承认日本对朝鲜的侵略；割让台湾、澎湖列岛和辽东半岛给日本；中

国被迫向日本支付 2 亿两的巨额战争赔款；等等。

沙俄对中国东北也抱有极大的野心，不愿让日本轻易地占据辽东，于是联合法、德出面干涉，以三国将对日本采取海上行动相威胁，劝告日本不要在中国大陆占有领土。日本尚不敢与俄、法、德三国为敌，被迫退还辽东半岛，同时却向中国索取赎辽费 3000 万两。

根据条约规定，清政府应于短期内偿付 2.3 亿两赔款，还要加上利息和日本驻军费等，第一年即须付 1.3 亿两（见表 2－2）。当时清政府全年财政收入不到 9000 万两，支付巨额赔款显然有困难，于是被迫举借空前规模的巨额外债。对华贷款成为帝国主义列强激烈争夺的对象。

表 2－2　清政府各年对日本赔款表

单位：万库平两

年　份	赔款	利息	辽南偿费	威海卫守费	合计
1895	5000		3000	50	8050
1896	5000	375			5375
1897	1667	500		50	2217
1898	7250	208		50	7508
合计					23150

资料来源：汤象龙著《中国近代财政经济史论文选》，西南财经大学出版社，1987，第 81 页。

1895 年 5 月当俄、法、德三国正在与日本进行退还辽东半岛的谈判时，俄国驻华公使就曾向清政府施加压力，要求获得贷款权益。而当时俄国亦没有多少钱可借，于是拉拢法国。俄、法威胁中国，如果不接受它们提供的借款，辽东半岛将归日本。清政府不得不屈从。1895年7月在俄国彼得堡签订了第一笔甲午战争赔款借款合同，由俄、法十家银行组成财团，向中国贷款4亿法郎（约合银9896.8万库平两），年息4%，折扣为94.125%（中国实收银9051.7万库平两），期限36年，这笔借款被称为"俄法借款"。第一期对日赔款和3000万两赎辽费都是用这笔借款支付的。俄法借款以中国海关关税为担保，俄国趁机提出要与英国共同分享管理中国海关的权利。俄、法以借款的成功作为它们进一步扩张侵华势力的开端，按照它们的计划，俄国从北方侵入中国，法国从南方侵入中国，合成一把钳子夹住中国，共同排挤英国在华势力。

英国人对于俄法借款的成立感到十分不安，认为他们"被排挤到一边了"，当英国公使听到俄法借款成立的消息后，立即从他的休假地赶回，跑到清总理衙门大发威风。他们特别担心俄法借款合同中写上了关于俄国分享管理中国海关的权利的条文，会使英国已经掌握的中国海关管理权落入旁人手中。德国人也为上次借款被俄、法摒弃而极为愤恨，所以与英国人合作。当1896年清政府应付第二次对日赔款时，法国还想继续出借，在俄国支持下与英、德两国竞争，其目的在海关总税务司由法国人担任，并给法国以两广、云南的特殊利益。而英、德最初所提的借款条件为年息5%，折扣89.5%，清政府以条件太苛刻犹豫不定。由于债权国能获得政治经济特权，俄、法、英、德诸国为争夺借款权，争斗异常激烈，甚至宣称"将不惜诉诸武力"；各国驻华公使几乎每天都要到清总理衙门"咆哮恣肆"，强迫清政府向他们借款，闹得清总理衙门像个大拍卖场。最后在总税务司赫德撮合下，英、德以94%的折扣得到了这笔借款权。1896年3月，英国汇丰银行与德国德华银行各出一半，向清政府贷款1600万英镑，约合9762.2万库平两，除去折扣后中国政府实收9142.5万库平两。这笔借款人称"英德借款"。英德借款合同还专门对海关总税务司一职聘用英人作了规定。赫德事后为英国保住了对中国海关等的控制权而十分兴奋，他说道，"我从来没有像这次一样的动作迅速，这样的有好效果"。

1898年清政府又要再借巨额外债以付清对日赔款，因此引起列强又一次争斗，清总理衙门又一次成为各国公使的争斗场所。为了争取到贷款权，赫德"一刻也没有停止过活动"，经赫德的再次撮合，最后仍由汇丰银行和德华银行分别承担这笔借款。这笔借款被称为"英德续借款"，其数额与上次一样，也是1600万英镑，年息4.5%，折扣83%，期限45年。其折扣之大，期限之长，都是前所未有的。而且其担保品除海关关税外，还以长江流域富庶地区的七处货厘盐厘为抵。

为了支付对日赔款，清政府不得不举借俄法借款、英德借款、英德续借款等三大笔外债。西方列强趁机要挟清政府，提出非常苛刻的借款条件，要以中国关、盐税为担保。如果中国政府到期不能还本息时，债权国有直接经各通商口岸征收之权，从而中国财政经济命脉便为帝国主义列强所控制。巨额战争赔款对中国来说是个沉重的负担，而对日本资产阶级和军国主义分子来说，是个意外的巨大财富。这笔巨额赔款，相当于日本战前财政支出的 4.5 倍，1893 年日本全部 763 家银行总资本的 3.6 倍。这笔赔款使日本得以迅速实现币制改革，迅速完成工业革命。日本成为邻近中国的侵略性极强的资本主义强国，对以后中国政治、经济都产生极大的影响。

 清末铁路借款

这一时期列强实行"以铁路和银行征服中国"的策略，铁路的建筑也成为列强在华扩大侵略、争夺势力范围的重要工具。当时中国铁路路线设计大多是从通商口岸伸向内地，便于帝国主义侵略势力利用铁路从口岸向内地扩张。帝国主义对中国路权的控制方式主要有两种：一种是由外国直接投资承办，路权被投资国完全控制，如德国人在山东所做的那样。另一种名义上是由中国政府借外债"自办"，但是该铁路的主要管理和重要技术职务都操于债权国之手，卢汉（卢沟桥—汉口）、正太（正定—太原）等铁路还在订立《借款合同》的同时，正式订立《行车合同》，规定债权公司"代为调度经理、行车生利"。所以铁路实权仍由外国资本掌握。后一种方式所占比重较大，因此，铁路借款成为这一时期外国对中国政府贷款的重要内容，同时也是帝国主义列强之间矛盾斗争的一个焦点。

1896 年英、德财团不仅夺得了中国对日赔款借款的权益，还获得了津卢铁路贷款权。1898 年汇丰银行又对关内外铁路提供了 230 万英镑的贷款，使英国势力扩展到山海关外，直达牛庄，伸入到沙俄的势力范围。卢汉铁路由京师所在地通向素称"九省通衢"的汉口，是贯通南北的一大干线，成为美、英、德、法等国激烈争夺的对象，后来清政府借用了比利时的贷款，使得与比利时关系密切的俄法财团占了优势，使俄法势力伸入华北平原和长江流域，进入英国势力范围。两大帝国主义财团的竞争，还表现在争夺津浦铁路的权益上，该铁路由天津到江苏浦口，是与卢汉路相并行的线路，英国侵略者为了确保其所谓"长江流域铁路必须让与英国公司"的强盗原则，在1898年向清政府提出的五项铁路要求中，把这条铁路列为首位。由于这条铁路必须通过被德国认为是它的势力范围的山东，于是英、德在伦敦签订协议，英国承建南段，德国承接北段，瓜分了津浦铁路利权。英国还获得从山西、河南到长江沿岸、长江三角洲、珠江流域等地的铁路权益。美国资本也不甘落后，一再活动，终于获得了贯通华中华南的粤汉铁路的修筑权。由于美国这一路权影响到英国在华南的势力范围，英、美通过协商，达成分赃协定，然后才由清政府与美商签订粤汉铁路借款合同。20世纪初期，在争夺中国铁路权益上，出现了英、日对抗俄、法、比的斗争。日本在1904~1905年日俄战争中打败了沙俄，又依靠英国资本的援助，在中国东北设立了南满洲铁道株式会社，成为其夺取东北铁路权益及其以后扩大对华侵略的大本营。这一时期各国所获铁路权益情况可见表2-3。20世纪初，中国兴起了收回利权运动，赎路是其中一

表2－3　1894年以后清政府铁路借款统计表

借款年份	借款名称	贷款者	贷款金额	折合（万库平两）	利息	折扣	实收额（万库平两）	期限
1894	津榆铁路借款	汇丰银行	200000 行平两	19.38			19.38	
1896	津卢铁路借款1	汇丰、德华	400000 英镑	244.06	年5%	97.5%	237.95	10年
1896	津卢铁路借款2	汇丰银行	400000 行平两	38.75			38.75	
1897	津卢铁路借款3	汇丰银行	300000 库平两	30			30	
1897	津卢铁路借款4	汇丰、道胜等	600000 行平两	58.13			58.13	
1898	关内外铁路借款1	中英公司	2000000 两规元	184.28			184.28	
1898	关内外铁路借款2	华俄道胜银行	400000 行平两	38.75			38.75	
1898	卢汉铁路借款1	比国铁路公司	112500000 法郎	3042.59	年5%	90%	2841.10	30年
1898	关内外铁路借款3	汇丰银行	2300000 英镑	1621.17	年5%	90%	1621.17	45年
1900	粤汉铁路借款	美商合兴公司	6974000 美元	945.58	年5%	90%	713.38	50年
1901	卢汉铁路借款2	比国铁路公司	1700000 库平两	170			170	2年
1902	正太铁路借款1	华俄道胜银行	40000000 法郎	1240.12	年5%	90%	1044.49	30年
1903	沪宁铁路借款	中英公司	2900000 英镑	2235.04	年5%	90%	1800.65	60年
1903	汴洛铁路借款1	比国铁路公司	25000000 法郎	761.15	年5%	90%	685.04	30年
1905	道清铁路借款1	福公司	700000 英镑	473.24	年5%	90%	425.91	30年
1905	赎回粤汉路借款	香港殖民总督	1100000 英镑	743.66	年4.5%	90%	743.66	10年
1905	京汉铁路小借款	比国铁路公司	12500000 法郎	336.28	年5%	90%	306.25	30年
1906	道清铁路借款2	福公司	100000 英镑	61.78	年5%	90%	55.61	30年

续表

借款年份	借款名称	贷款者	贷款金额	折合(万库平两)	利息	折扣	实收额(万库平两)	期限
1906	南浔铁路借款	日本大成会社	1000000 两银	100			100	30 年
1907	沪洛铁路借款 2	比国铁路公司	16000000 法郎	397.91	年 5%	95.5%	379.91	30 年
1907	广九铁路借款	中英公司	1500000 英镑	938.68	年 5%	94%	882.36	30 年
1908	津浦铁路借款 1	德华银行	3150000 英镑	2402.43	年 5%	93%	2152.04	30 年
		华中铁路公司	1850000 英镑	1410.95	年 5%	94.5%	1248.73	
1908	沪杭甬铁路借款	中英公司	1500000 英镑	114.40	年 5%	93%	101.24	30 年
1908	邮传部借款 1	英公司梁格恩	1000000 行平两	96.88	年 6%		96.88	14 个月
1908	京汉赎路借款	汇丰、东方汇理	5000000 英镑	3813.38	年 5%	94%	3584.57	30 年
1908	新奉铁路借款	南满铁路公司	320000 英镑	24.84	年 5%	93%	20.39	18 年
1908	京汉赎路小借款	汇丰等四银行	6900000 京平两	650	月 0.7%		650	25 年
1909	吉长铁路借款	南满铁路公司	2150000 日元	172.15	年 5%	93%	160.10	半年
1910	邮传部借款 3	横滨正金	500000 两规元	45.62	年 7%		45.62	12 年
1910	邮传部赎路公债 1	横滨正金	2200000 日元	170.78	年 7%	97.5%	166.51	30 年
1910	津浦铁路借款 2	德华银行	1890000 英镑	1427.52	年 5%	95%	1356.14	30 年
		华中铁路公司等	1110000 英镑	838.38	年 5%	95%	796.90	10 年
1910	邮传部赎路借款 2	英商银行等	450000 英镑	339.88	年 7%	97%	329.69	10 年
1911	邮传部铁路借款	横滨正金	10000000 日元	770.38	年 5%	95%	355.49	30 年
1911	粤汉、川汉借款	汇丰银行等	6000000 英镑	4540.58	年 5%	95%	4126.27	40 年
合 计				30498.72			27567.34	

项主要内容，于是清政府为赎路又要借款。我们将赎路借款也作为铁路借款的一部分，列入表 2 - 3。

从 1894 年至 1911 年清政府铁路外债共有 30 多笔，总额 3 亿多两，已超过甲午战争前铁路借款的 250 多倍。贷款国包括英、德、俄、法、美、比、日等主要资本主义国家，反映了列强在中国铁路权益方面的激烈竞争。由于在第一次世界大战前英国还是世界头号帝国主义强国，它在中国又有着传统的大债主地位，英国资本仍占借款额的最大比重。

3　所谓"庚子赔款借款"

中国刚刚付清对日赔款不久，帝国主义列强又于 1900 年（庚子年）发动八国联军侵华战争，迫使清政府于 1901 年（辛丑年）签订了空前丧权辱国的《辛丑条约》。《辛丑条约》中规定中国赔偿各国 4.5 亿海关两，历史上称之为"庚子赔款"。这一赔款数额如此巨大，举当时清政府四年的全部财政收入仍不够支付，因此不得不分 39 年摊付，年息 4 厘，本息共近 10 亿两银。这不仅是中国空前沉重的负担，在世界史上也是罕见的。赔款在列强之间的分配情况为：沙俄以出兵多而列为第一，分得赔款（本利合计）2.8457 亿两；德国以公使被杀，列为第二，分得赔款近 2 亿两；法国分得 1.5471 亿两；英国分得 1.1049 亿两；日、美两国都分到 7000 万两以上；再次为意、比、奥、荷等。

清政府将各年应付赔款本息分摊给各省，而各省筹还款项主要来源，"仍不外地丁、盐课、厘金、漕项、常税捐、杂税等项"。全国普遍加税加捐，使人民负担更加沉重，以致许多地方人民组织"联庄会"等反抗组织，"专为抵御均摊赔款"。在中国人民苦难深重的同时，帝国主义列强却洋洋得意，因为它们不仅进一步控制了中国，而且所得赔款远远比它们的"损失"高得多，沙俄外交大臣拉姆斯道夫竟无耻地说这是历史上"最够本的战争"。

即使这样，帝国主义者尚不满足。起初几年赔款本息是按银两支付，因为《辛丑条约》第六款写明："……付诸国偿款海关银两四百五十兆两（条约原文如此，按现在惯用法，约4.5亿两。——笔者注）。"20世纪初年世界银价下跌，帝国主义列强又强迫清政府从1905年以后将赔款折算成1901年时的外国金币价支付，并要清政府加付1905年前所谓"镑亏"800万两给各国，清政府本来已被接连两次大赔款搞得焦头烂额，这800万两也出不起，不得不又向汇丰银行举借外债（即1905年"镑亏借款"）来支付。

庚子赔款是分期摊付的，一些西方学者就把尚未到期的赔款本息认定是中国政府的欠款或债务，再将"债务"概念与"外国资本对华贷款"混为一谈，说成是"庚子赔款借款"，进而再将它说成是外人对中国的"投资"，这个赔款的概念一步步被混淆。中国一些学者也把所谓"庚子赔款借款"列入清代外债统计中。

这是一个严重的错误。因为一般外债可作为外国资本对中国的间接投资，在中国国际收支账上先有一笔国际收入，以后还本付息时再有相应的国际支出。而庚子赔款实质是帝国主义对中国空前大规模的暴力掠夺，中国只有巨额支出，并无分毫"国际收入"。赔款因数额巨大，不能短时间付清，而采取分期支付的形式，这并不能改变它是帝国主义对中国超经济掠夺的性质。因此，在本书关于外债的统计数字中，不包括所谓"庚子赔款借款"。

清政府其他外债

甲午战争后清政府所借外债从借款额来看，以上述为支付赔款而借的外债和铁路外债这两类为大宗；而从借款次数来看，除了上述这两类外债以外，其余外债还有近一百项，大致可分为以下几种。

（1）其他实业借款，包括萍乡煤矿借款、临城煤矿借款、汉阳铁厂借款、汉冶萍借款等厂矿借款以及沪沽新水线借款（敷设大沽至上海海底电线用）、沪沽副水线借款（敷设大沽至烟台海底电线用）、邮传部第二次借款（扩充电报陆线用）等电信借款。1902年福建樟脑局借款、1908年东三省借款（与日本合办鸭绿江木植公司用）也属于这一类型。在这一时期汉冶萍公司借款次数很多，连同以前的萍乡煤矿借款、汉阳铁厂借款等，在这一类型借款额中所占比重比较大。

（2）军需借款及地方财政借款，例如：湖广借款、新疆借款、奉天借款、直隶省公债、福建善后局借款等等，主要用于各地军饷开支等；1907 年湖北官钱局借款、1909 年福建布政司借款、山东德华借款、两广汇丰借款等等，主要弥补地方财政亏空；海军部若干借款主要用于海军购买船炮器材等。20 世纪初期，清政府实行新政以后，各地办新政、练新兵等经费开支增加，而支付赔款和外债本息等使国库空空如洗，所以各地方政府一再申请加借洋债，清廷只好"着照所请办理"，地方政府外债增多。

（3）救济金融危机的借款，例如 1909 年湖广借款，1910 年维持上海市面借款、维持江南市面借款，1911 年周转广东市面借款、天津市面救济借款，等等。这一时期帝国主义在华金融势力已经深入到中国各大商业中心城市，控制了各大商埠的货币市场。中国旧式金融机构，如钱庄、票号等，基本上成为外国银行的附庸，只要几家主要外国银行拒用钱庄庄票或要求交现金，就会使得各商埠不断发生货币危机和信贷危机。这一时期上海、天津等城市金融投机也很活跃，时常出现金融风潮。一旦出现金融危机，中国旧式金融庄号倒闭后，外国银行就施加压力迫使清政府代还倒闭庄号所欠债款。清政府往往不得不再借洋款。例如在 1908 年英商麦边在上海成立"蓝格志拓殖公司"，乘世界橡胶价格猛涨之机，鼓吹经营橡胶可获巨利。在他的欺骗下，投机者争先恐后，许多商人竞相向钱庄借款购买橡胶股票；汇丰、麦加利、花旗等外国银行亦破例做橡胶股票押款，十足兑现；中国钱庄本身也受诱惑，在该项股票上投入巨资。至 1910 年蓝格志股票市价被炒到超出面值的 20 多倍。麦边乘高价抛出全部股票，卷款潜逃。同时，外国银行也停止受押，并追索以前做的押款。一时间橡胶股票价格猛跌，成为废纸，持票人纷纷破产。当时钱庄受影响而倒闭者有二十余家。外国银行还握有倒闭钱庄签发的庄票等，纷纷向上海地方官员要求赔偿，否则，就停止同钱庄的资金通融。清政府为维持市面，安定人心，于是责成上海地方当局向汇丰、麦加利、德华、道胜、正金、花旗等外国银行借款，进行赔偿。上述维持上海市面借款、维持江南市面借款等就是这样形成的。

清政府甲午战后在各省普遍设立官银号、官钱局，滥发钞票，为了救济因此而引起的货币财政危机，一些地方政府也举借了不少外债。例如，1910 年东三省总督两次向日本横滨正金银行借款，用以兑付奉天官银号所发行的官帖纸币；1911 年 6 月周转广东市面借款和同年 8 月的广东总督借款也是为了广东官银钱局兑付纸币之用。

（4）还有一些杂项用途的借款，例如 1901 年为了筹还江西教案赔款所用的江西藩司向上海洋商的借款，1903 年慈禧太后为了满足皇宫内费用向道胜银行所借之款（上述借款成否未详），用于采办慈禧太后万寿节礼物的 1904 年两广汇丰借款，1908 年南京财政局用于赈灾而向日本正金银行的借款，等等。

*　*　*　*　*　*　*　*　*

从 19 世纪 50～60 年代镇压太平天国和小刀会起

义，至中日甲午战争前，清政府已开始向洋商和外国银行借了不少外债。这些外债一开始是由清政府地方道台一级的官员出面举借，后来借款者加上了左宗棠一类的封疆大吏和清政府总理各国事务衙门，清政府依靠外债来救急的情况越来越多，越来越严重。每笔外债借款额由几万两、几十万两上升到几百万两，不过，与后来相比，甲午战争前的借款额一般还不算大，1853～1898 年 40 年间借款总额约合库平银 4844 万两多。在 19 世纪 70 年代以前清政府外债借期较短，都在一年以内，属于临时周转性质。70 年代以后借期逐渐加长，由几年、十年，到几十年。从外债用途看，由军需借款逐渐扩大到实业借款，但军需借款仍占极大比重。实业借款的年利率一般在 5%～8%，高于国际金融市场的利率水平；军需借款的利率更高，一般在年息 10% 上下，甚至高达 15%。甲午战争前清政府外债一般到期都能偿还。全部外债占清政府财政支出的 3%～6%，当时清政府的财政尚能维持平衡。

甲午战争后清政府为了偿付对日赔款，向俄法集团和英德集团借了三笔外债。这三笔外债数额折合银两各在一亿两上下，利率也比国际金融市场利率水平为高，而且有较大折扣，其中 1898 年的英德续借款折扣最大，这一借款数额约合银两 1.1277 亿两，中国实收仅 8072 万两，而还本付息却要按原来的 1.1277 亿两计算。这三笔大外债都以外国金币为本位，而当时中国实行的是银本位，这一时期世界银价不断下降，中国以后还本付息时要按以后的金银比价多交银两，这使中国又蒙受了一层损失。自此以后中国每年须摊付外债本息 2000 余万两，占当时清政府岁出总额的 20% ~ 30%，从此，中央财政一蹶不振。

中日甲午战争以后，正值世界资本主义过渡到帝国主义阶段，"与商品输出不同的资本输出有了特别重要的意义"。帝国主义列强争相对华输出资本。1894 年以后清政府外债除了上述对日赔款借款以外，铁路借款、其他实业借款、财政军需借款等都大大增加，共有一百几十项。1894 ~ 1912 年这 18 年间外国资本向清政府贷放债款总额共合库平银 7.7 亿多两（不包括所谓"庚子赔款借款"，汉冶萍公司转为商办以后所借的若干外债也未计入），是甲午战争前 40 年清政府外债总额的 15 倍还多。

这种外国资本主义对华资本输出，既具有资本主义国家过剩资本向外输出的一般共性，又因为中国是多个帝国主义国家争相掠夺的半殖民地半封建国家，而有其特殊性：①它与帝国主义列强妄图瓜分中国的激烈争夺联系特别紧密。清政府所借外债原来是以关税为担保，甲午战争以后又加上烟酒税、厘金、盐税等，从而使中国政府主要财政收入被贷款国所控制。前面已经提到，在一些重要借款合同中，贷款国往往加上若干侵犯中国主权、扩张该国在华势力范围的条件，而贷款权益的获得，也不仅仅取决于各国的投资能力，更重要的是"受各国在华的军事政治力量、势力范围和特权的制约"，以致当时国内资本贫乏、本身也是资本输入国的沙俄和日本，也积极向清政府贷放大量款项，以获得较多的侵略权益。②帝国主义在中国的巨额资本有很大一部分并非自本国输入，而是掠取自中国。其来源主要是：第一，对中国的原始掠夺、骗取和勒索所得；第二，吸收大量中国资金；第三，由先期资本产生的高额利润转化为资本积累。例如，清政府的外债有不少是向汇丰银行举借，把持中国海关税务司的洋人为了保证以关税收入偿还外债本息，将中国关税收入存放在汇丰银行，汇丰向清政府支付4%的年息，一转眼又将这些收入以10%的年息出贷给清政府，汇丰贷放的债款中有不少来源于此。

清政府甲午战争后所借外债一共约合7.7亿库平两，其中，甲午战争战费借款及对日赔款借款占45%以上，铁路借款约占40%，工矿、电信等实业借款占4%左右，其余为甲午战后清政府财政军需及杂项用途等借款。如前所述，清政府的铁路借款与帝国主义列强在华扩大侵略、争夺势力范围有密切关系。按一些学者的总结，甲午战后清政府的外债，只有少数属于正常的借贷范围，对中国实业发展有所裨益，其他绝大部分都带有帝国主义对华侵略与掠夺的特性。

甲午战争前清政府外债的债权国，最大的是英国。甲午战争后，英国虽然仍占清政府外债的最大份额，但是它的比重已经下降。德、法、俄等国比重上升。按照徐义生先生的计算，这一时期清政府外债实收额中，英国占41.14%，德国占22%，法国占13.95%，俄国占7.35%，比利时占6.55%，日本占5.49%，美国占2.97%。

三 南京临时政府与北洋政府时期的外债

 南京临时政府的外债

辛亥革命终于推翻了清朝统治，推翻了几千年来的封建帝王专制制度，但是中国资产阶级对帝国主义的态度是很软弱的，在孙中山领导的同盟会的《对外宣言》中就声明："中国前此与各国缔结之条约皆继续有效，应偿还之外债照旧担任，外人之既得权利，一体保护。"在武昌起义后不久，湖北军政府就通知各国驻汉口领事，承认清政府以前所签订的各项卖国条约继续有效，并且答应各项借款、赔款等仍按期交付。以后独立的其他省份，也先后发布同样的宣言。

帝国主义列强表面上保持"中立"，而在实际行动上却借口关税是清政府所借外债和赔款的担保品，指使长沙、汉口、上海、汕头、广州、厦门、烟台等地海关洋税务司，协同驻在当地的外国炮舰，扣留所有关税税款。这样一来，各地军政府和南京临时政府的财政收入大大减少，加深了各地军政府和南京临时政府的财政危机。

各省革命军的财政来源起初靠革命后接收的清地方政府库存银两等，后来就不得不依赖发行军用券和公债券等纸币，而所发行纸币的准备金则多依赖外债，各地义军购买军火等费用也多来自外债。南京临时政府由于没有像各省军政府那样接收到清地方政府库存银两等，又很少得到各省军政府财政上交款项，其财政情况尤其艰窘，所以向帝国主义列强借款的次数更为频繁。据政府公报所发表的《南京政府收支报告文》计算，南京临时政府从成立之日起到 1912 年 4 月底，收入总额为 2004 万元，外债收入就占 68.8%。据统计，辛亥革命时期南京临时政府与南方各省军政府所借外债共有 23 笔，借款总额约合银元 2811 万元，其中南京政府所借 11 笔，沪军都督所借 5 笔，其余为湖南、福建、浙江、安徽、湖北等省军政府所借。

南京临时政府与南方各省军政府所借外债有一半以上是向日本三井、大仓等洋行举借，日本财团企图借此从中国新政府得到更多的经济权益。1912 年 2 月日本大仓洋行贷放给南京临时政府的苏路借款就以江苏铁路收入及股票为担保品。日本财团还企图霸占中国航运实业，日本邮船公司、日清公司因而打算对轮船招商局贷放 1010 万两银的抵押借款，借款以招商局产业为担保品。这项借款因招商局股东的反对，以及德、英、美等国的抗议与竞争，未能成立。日本帝国主义独占汉冶萍煤铁矿产的野心更强，为了达到这一目的，由日本三井洋行出面，贷放给南京临时政府 200

万日元的抵押借款，当日本人遇到阻力时甚至派兵强行占领了汉冶萍。汉冶萍在对日借款的泥淖里越陷越深，成为日本钢铁事业的附庸。关于汉冶萍借日债的历史教训，后文将作较为详细的论述。

南京临时政府与南方各省军政府所借外债中也有不少是借之于德商礼和洋行和捷成洋行。德国资本家也想通过贷款在中国南方获得较大权益。他们在湖南的两笔借款都以湖南官矿局的矿山为抵押，后因湖南各界的通电反对而未成立。德国礼和洋行利用浙江财政困难之机贷放给浙江都督的 600 万马克借款，不仅利息高、折扣大，还附加条件：必须以 1/3 的款项向德国克虏伯工厂订购军械，并以浙江丝捐收入及国库证券作担保。

英、美帝国主义也阴谋通过向南方各省贷款来获取更多的权益。汇丰银行 1911 年 12 月贷放给招商局及沪军都督的 150 万两银，就规定必须以招商局所有各埠仓库及房屋等财产作担保品。美商大来洋行曾经打算向湖北都督黎元洪贷款 350 万英镑，用作恢复汉口市场的建筑费和开办鄂州元洪银行的准备基金，后因英国的抗议而未成事实。大来洋行也曾企图对浙江都督贷款 300 万美元，以取得浙江铁路的控制权，也未成功。美国资本在广东、云南等地贷借款活动也没有实现，正式成立的仅有美孚石油公司给福建省的30 万元贷款。

从表 3-1 与前面表 2-3 的对比可以看出，南京临时政府的外债利率较高，年息一般在 8% 左右；期限却很短，除了以江苏铁路收入为担保的苏路借款外，都在一年以下，这也反映了帝国主义对南京临时政府的态度。从表3-1也可以看出，日本财团是南京临时政府的最大债主。南京临时政府也曾以外国侵略势力组成的企图垄断中国外债的英、美、德、法四国银行团的借款为主要对象，但是四国银行团的善后第一次垫款，是在孙中山宣布把总统职位让给袁世凯以后才正式交款的。帝国主义垄断财团的目的，是通过袁世凯来收买南京临时政府，通过对贷款的控制来促成南京革命派的瓦解。

表3-1　辛亥革命时期南京临时政府外债统计
（不含各省军政府及南京留守府外债）

借款名称	贷款者	借款金额	折合（万银元）
三井洋行借款1	日本三井洋行	300000 日元	30.2
汉冶萍抵押借款	日本三井洋行	2000000 日元	201.3
善后第一次垫款	四国银行团	2000000 规平银	267.9
苏路借款	日本大仓洋行	3000000 日元	302.0
三井洋行借款2	日本三井洋行	2118056 银元	211.8
寿屋洋行借款	日本寿屋洋行	13016 银元	1.3
捷成洋行借款	德国捷成洋行	5000000 马克	240.4

借款名称	年息（%）	折扣（%）	实收（万银元）	期限
三井洋行借款1	8.5		30.2	6个月
汉冶萍抵押借款	7	90	193.2	6个月
善后第一次垫款	7.5		267.9	
苏路借款	8	93	280.8	10年
三井洋行借款2	8		211.8	1年
寿屋洋行借款	8		1.3	1年
捷成洋行借款	9.6	93	223.6	6个月

国际银行团对中国借款的垄断及"善后大借款"

辛亥革命的胜利成果不久就被以袁世凯为首的北洋军阀所窃取。北洋军阀政府成立初期，财政也极为困窘，曾经从代表德国和奥地利军火贩子的瑞记洋行那里得到两笔贷款。袁世凯政府的军饷很快又要枯竭，袁世凯为了巩固其统治，急需大借外债来维护军政开支，就派人与外国银行团进行善后借款谈判。四国银行团也想利用这一机会加强它们对中国贷款的垄断，及对中国财政的控制。

随着帝国主义资本输出的增加，随着一些大垄断组织势力范围的扩张，这些垄断组织之间一方面激烈竞争，一方面也时常达成国际协定，形成更大的国际垄断集团。这种情况反映在近代中国外债史上，就是国际银行团对中国贷款的垄断。这种垄断从清末就已经开始，在中华民国成立至第一次世界大战爆发前这一段时间达到高峰。第一次世界大战结束后，帝国主义列强又组织新的国际银行团来垄断对中国的贷款。可以说，在北洋政府统治时期，国际银行团对中国贷款的垄断成为中国外债的一大特征。

清朝末代皇帝宣统在位期间，中国外债开始出现一个新特点：在对华贷款权方面，国际银行团垄断取代了列强之间的相互争夺。1910 年英、法、德、美四国财团就中国铁路借款问题达成协议，组成四国银行团。为了使这个银行团成为一个国际侵华集团，并确立外国资本对中国的财政控制，美国财团将它与清政府签订的有关中国币制实业借款转让给四国银行团，使之成为四国共同借款。四国会议还决定四国银行团对华贷款采取联合行动。不久，四国银行团就联合向清政府贷放了 600 万英镑的粤汉、川汉铁路借款。四国银行团还通过币制借款协定，既获得担保品及控制借款用途的特权，又有"优先应募权"之约定，为后来的国际银行团对中国外债的垄断开了先河。

在民国初年善后借款谈判中，英、美、法、德四国银行团认为它们联合垄断对中国政府的贷款利益，可以使列强对中国"实施必要的控制"。但是它们的垄断活动引起了其他财团的反对。由法国巴黎斯比抽尔公司和比利时总公司联合组成的法比财团，拉拢华俄道胜银行和以英国老沙逊洋行为代表的东方银行及塞劳得尔洋行等，组成了一个国际辛迪加，和袁世凯政府总理唐绍仪签订了一个数额在 1000 万英镑以内的借款合同，并在 1912 年春先由华比银行两次垫款 125 万英镑，充作袁世凯收买南方反袁力量的费用。这项"华比借款"的成立，显示出国际垄断资本主义集团之间的矛盾。四国银行团为了保持其在中国外债问题上的垄断地位，一方面迫使法国政府拒绝"华比借款"的债券在巴黎市场上发行，并设法不断压低这一债券在伦敦市场上的出售价格，逼使"华比借款"的债券让给四国银行团承办；另一方面则通过英美等国政府向袁世凯政府提出抗议，由各国驻华公使联合照会中国外交部，要求袁世凯取消与法比财团等签订的借款合同，威逼中国政府总理唐绍仪辞职。袁世凯政府被迫答应取消了上述与法比财团等签订的借款合同。

国际银行团为了防止俄、日两国破坏它们的垄断，就以保留日、俄对满洲、蒙古的特权为附加条件，把原四国银行团加上俄、日两国的垄断组织扩大为六国银行团，联合向袁世凯政权提出种种苛刻的贷款条件，要对中国财政实行全面监督并插手中国盐政。这一无理要求遭到中国革命党人和广大民众的强烈反对，袁世凯等也不敢贸然答应，谈判中断。

由于英国政府只许汇丰银行代表英国参加国际银行团，被排除在外的其他英国银行对此愤愤不平，这些银行"企图在中国借款业务上从事竞争"。善后借款谈判中断后，它们立即组成以克利斯浦为代表的财团，与袁世凯政府暗地联系，终于在 1912 年 8 月与袁政府签订了"克利斯浦借款"合同。这一借款分两期交付，第一期先交 500 万英镑，以后准备第二期再交 500 万英镑。这一借款也以中国盐税为担保，但没有管理中国盐政等条款。它打破了银行团的垄断，引起六国银行团及六国政府的反对。英国外交部公开声明拒绝给克利斯浦借款担保，英国驻华公使拒绝给有关这一借款的收据等予以签证。国际银行团还通过各国政府向袁世凯施加压力，英国公使一再向袁世凯政府表示抗议，并开单逼债，追索拖欠的庚子赔款等债务；法国政府更是无理要求赔偿辛亥革命时外侨所受的"损失"；日本公使提出要"抓住足以充分刺入中国的要害的问题和机会"；国际银行团通电在华各地分行，阻止金融汇兑，并相约不准买卖参加克利斯浦借款的麦加利银行汇票。在帝国主义列强的压力下，袁世凯政权以对克利斯浦财团赔偿15万英镑的代价，废止了第二期克利斯浦借款。

这样一来，北洋政府获得其他大笔国外贷款的来源断绝，国际银行团独占对华贷款的企图得逞，更是一再提高借款条件。而在银行团内部，六个帝国主义国家在对于中国财政和借款用途的监督问题上，尤其在中国财政、币制、银行、审计院、国债局、盐务稽核所等机构外国顾问人选的分配问题上，发生了激烈的争夺。在争夺过程中美国财团对于英国在对华借款上的优先地位非常不满，终于在1913年3月宣布退出银行团，于是六国银行团又变成五国银行团。

美国财团退出国际银行团后，企图单独进行对华贷款，邀请袁世凯的亲信、中国财政总长周学熙商订600万英镑的财政借款合同，这一企图遭到银行团的破坏，但是这也使五国银行团感到很大威胁，急于达成善后借款协议。而袁世凯在其他大笔国外贷款的来源断绝的情况下，又急需大笔军费以扩大自己实力，镇压孙中山在南方发动的"二次革命"，所以不顾全国人民的反对，不通过国会批准，于1913年4月与五国银行团签订了《善后借款合同》。

《善后借款合同》中规定五国银行团向袁世凯政府提供2500万英镑的贷款，期限为47年；前10年付息，后37年本利并付，中国政府如果要提前还清债款，须加付一定费用；利息为年息 5%，折扣为 84%；担保品分三种：中国政府盐税收入为第一担保，关税收入除去前欠外债各年还本付息数的余额为第二担保，直隶、河南、山东、江苏四省所指定之中央税为第三担保。借款合同还规定了几项特别条件：①将来如以盐税担保而借款，或者因偿还旧欠外债本息，因军政开支等与善后借款相同用途而借款，则银行团有进而承办之优先权；②中国政府机构如提用借款，必须将领款凭单经审计处华洋稽核员签字后，再送交银行代表核对，然后才能提款；③中国财政部盐务稽核所于中国总办外，再设洋会办一员，主管盐务稽核之事。中国政府盐务收入存于银行，没有稽核所总办与会办的签字，不能提用。

善后大借款名义上为 2500 万英镑，除去折扣及手续费、汇费等，中国实收只有 2022 万英镑，而日后还本付息再加手续费等共要付出 6899 万英镑，"几为实借款数的 3.5 倍"。帝国主义列强不仅获得 4877 万多英镑的巨额利润，还获得在数十年借款期限内中国盐税收入保管权、借款用途控制权、中国盐政管理及财政监督等特权。通过善后大借款合同的签订，帝国主义进一步控制了中国的财政经济命脉。而袁世凯得到外国借款支持，实力增强，他利用善后借款的部分款项贿赂收买了上海、汉口等地海军，又发动"赣宁之役"，打败了革命党人组织的讨袁军，镇压了"二次革命"。所以台湾学者王纲领认为，国际银行团"一手决定了二次革命胜败局势……使民党之败，不待双方交兵而知……后来北洋军阀得以乱政十数年，实肇基于此……善后大借款实是民国史上首次步入歧途的一大关键"。

善后借款除了用于袁世凯政府的军政开支及旧欠外债本息的偿付以外，还用于赔偿所谓"革命损失赔款"。这是帝国主义列强借口在辛亥革命中外侨受到损失，向中国政府勒索的赔款，其中甚至连"外商因辛亥革命未脱售货物的利润"也要中国赔偿。袁世凯为了讨好帝国主义，答应了这一无理要求。"革命损失赔款"总数为200万英镑，于1913年从善后大借款中一次扣付。

从上述种种史实可以看出，善后大借款是帝国主义列强利用贷款攫取在华政治经济特权、扶植反动卖国政府的一个有力例证。

1913年5月至1916年北洋政府的外债

五国银行团虽然通过善后大借款获得了对中国贷款权益的垄断，但是由于银行团内部矛盾尖锐，不能始终维持它们对华侵略的统一步调。1913年5月，日本横滨正金银行及南满铁道株式会社分别向袁政府内务部及奉天都督贷放了两小笔借款，用于军政开支。美国财团退出银行团后，也一再设法与中国进行借款谈判，并在6月与中国外交部达成了一项20万美元的借款协议。法国、比利时的资本家也与北洋政府交通总长和财政总长签订了一项数额达 1000 万英镑的借款合同，于 1913 年 7 月先付 100 万英镑。9 月份五国银行团在法国巴黎召开了国际财团会议，决定"实业借款"不必经银行团联合投资，分别由各国财团"自由竞争"。从此中国的实业借款和铁路借款就不受银行团的约束，很多政治财政借款就在实业借款的名义下实现了。这就导致了帝国主义列强对中国"势力范围"的再分割的斗争。

法国财团抢先行动。早在 1913 年 1 月，法国就与中国财政总长签订合同，设立中法实业银行。这个银行名为中法合办，实际上中国名下的股份也是由法国出借抵充，银行的经营管理全部由法国财团掌握。巴黎会议结束不久，这个银行就与中国财政总长签订了数额为 1.5 亿法郎的"中法实业借款"合同，作为建设浦口商埠和修建武汉铁桥的费用，有余则拨充北京电车、电灯、自来水工程的建筑或修缮费。合同中规定，一切建筑材料都必须向法国购买，总工程师和会计主任也必须由法国方面推荐。由于这项借款合同的签订，法国还获得了上海法租界在徐家汇的筑路权和警察权。

法国势力侵入长江流域引起了英国的反对，结果法国不得不放弃武汉铁桥的建筑权，而保持其在浦口和北京的特权。中法实业银行在巴黎市场发行这项债券作价 94% 或 94.5%，而以 84% 实交袁世凯政府，一转手之间就先获取 10% 的纯利。这项借款额后来改为 1 亿法郎，少于合同所订数，而袁世凯政府实收数仅

7794万法郎，其中实际用于浦口商埠建设的仅占15.4%，拨充北京市政公所、京津马路及北京电车公司官股等费用的共占24.6%，而被财政部移用的竟占60%，其中大部分被袁世凯用作帝制活动费。

法国另外还有一个蓄谋已久的计划，就是企图通过钦渝铁路（钦州—重庆）借款来实行其从广州湾起经广西、云南，深入到四川重庆的侵略计划。1914年1月，中法实业银行终于与北洋政府交通总长签订了关于这条铁路的6亿法郎的借款合同。但是由于英国的抗议，这条铁路始终未能动工，仅先后垫付了3211.5万法郎的库券。这项垫款年息为5%，期限较长，为50年。袁世凯政府实收2959.3万法郎，这笔款项都被袁世凯挪作帝制活动费了。

法比铁道公司和北洋政府交通总长签订的数额达1000万英镑的借款合同，使得法比财团获取了从四川成都到山西大同的铁路建筑权，法国帝国主义侵略势力可以借此由中国西南向华北扩张。但是如前所述，这项借款仅于1913年7月垫付100万英镑，均被袁世凯政府财政部提用，债券始终没有发行，铁路也始终没有动工。

此外，法国银行代表还曾和四川地方政府官员签订过四川行政公署兴业借款合同草案，法国方面提供1000万～1200万两银的借款，条件是四川的资源，特别是石油矿产资源要由法国开采。这项借款也因英国的反对而未成。

由于法国向长江流域积极扩张其侵略势力，英国为了维持、巩固和扩大其在中国原有的势力范围，就重提 1898 年英国公使向清政府提出的五项铁路要求，坚持要建筑浦信铁路（浦口—信阳）作为沪宁铁路伸向京汉铁路的延长线。1913 年 11 月华中铁路公司与北洋政府交通总长签订了 300 万英镑的浦信铁路借款合同，但是实际上自合同签订之日起，直到 1916 年 4 月陆续只垫付了不到 20 万英镑的借款。在 1914 年一年之间英国资本又先后获得了沪枫铁路、宁湘铁路、沙兴铁路的借款权及建筑权，这几条铁路线遍布苏、浙、皖、赣、豫、鄂、湘等省，后来因第一次世界大战的爆发，这些借款都未发行债券，只是先后垫付了小额款项以维持英国资本的既得权益。英国还与美、法等国为汉口商场建筑借款进行了激烈的争夺，直到世界大战爆发以后仍未松弛，终于由英国资方和中国官员签订了 1000 万英镑的借款合同。但是这项借款仅在 1916 年 2 月垫付了 3 万英镑，这点钱也被袁世凯移作帝制活动费用。

德国除了礼和、瑞记等洋行经手提供军需借款，推销军火船炮以外，主要以山东为据点，在华北各地积极进行侵略扩张。德华银行支配下的山东铁路公司不断扩展资本和经营业务。1913 年底，德国公使正式照会北洋政府外交总长，提出由高密到韩庄（后改为徐州）和由济南到顺德这两条铁路的承建权，要求按照比国铁路公司的 1912 年陇秦豫海铁路借款合同条件，归它办理。这样，德国不仅企图阻止中国自办烟潍铁路，防止烟台分占德国所控制的青岛进出口贸易，并且还企图用这两条铁路来截取陇海、津浦、京汉等线货运，由青岛出口，同时也作为德国向华北的河南、山西一带修筑铁路的准备。

美国也积极利用借款来扩张其在中国的势力。美孚石油公司于 1914 年 2 月与北洋政府总理、财政总长、交通总长签订了一项 3500 万美元的借款合同，这项借款以陕西延长石油及热河建昌油矿为担保品，条件是要组织中美实业公司开采这两个地区的石油资源，公司资本定为 1 亿美元，中、美各半，中方应交股款的 75% 仍由美孚石油公司贷给。这一合同遭到五省联合会的抗议，也遭到英、日两国的反对，未能实现。美国伯利恒钢铁公司又向北洋政府海军总长提出给中国贷款 2500 万两银，条件是以福建省三都澳作为美国海军基地。这一计划也因日本的强烈反对而未成功。美国还于 1914 年 1 月与北洋政府农商部水利局签订了 2000 万美元的导淮借款，用于修治淮河，索取的担保品包括导淮区域全部官有地和竣工后受益田地所获收益、开垦田地的税收，以及导淮区域内运河航行的各项税捐。由于第一次世界大战的爆发，这项债券并未发行，仅垫付了 10 万美元，作为治淮工程的勘测费用。后来美国人又把导淮借款扩大为南北运河借款，企图独占运河航行权，来和津浦铁路的陆运竞争，并企图获取运河两岸的土地收益权。

日本和沙俄在这一时期着重在满洲、蒙古一带进行侵略活动。满铁通过 1913 年 5 月对奉天都督的贷款，获得了沈阳电灯厂、电话局及商埠地的土地、道路设施权，这项借款还以奉天的烟酒税、牲畜税为抵押。满铁于 1914 年 2 月和 4 月接连对内蒙古地区贷放了两笔款项，都以当地地租为担保。日商三井洋行1913 年 12 月对奉天财政局的贷款，以奉天牛马畜税为担保，以日资获取奉天省内水田矿山自由经营权为条件。日本横滨正金银行 1914 年 4 月也与奉天都督进行了贷款谈判，该项贷款要以奉天省生产税、销场税、烟草税、酒税等为担保，日本人还企图通过贷款索取更广泛的侵略权益：①正金银行所发银行券或金票，在奉天省内一切交易中无限制通用；②特许正金银行具有输出中日合营之产物、矿山采掘优先权等；③扩大鸭绿江采木公司区域；④正金银行监督奉天省内公私银行券的发行，并聘任日本人为财政顾问。这项贷款及上述三井洋行贷款虽然都未成立，但反映了日本帝国主义对中国东北的侵略野心。沙俄也于 1914 年 1月由华俄道胜银行贷放给黑龙江都督 400 万卢布，暂时缓解了黑龙江省的财政困难并救济了黑龙江官帖的贬值，因而获得了黑龙江省金矿的抵押权。道胜银行还打算贷款修筑滨黑铁路，用以巩固沙俄在黑龙江省的侵略地位。

在第一次世界大战爆发前这一段时间，帝国主义列强为争夺中国贷款权益，角逐十分激烈。从借款额来看，法国领先于其他国家，德国、日本相对比重也在上升，而英国这一大债主的传统地位已经动摇。这一时期从列强与北洋政府签订的合同来看，借款额较大，但是由于第一次世界大战的爆发，不少贷款债券并未发行，只是垫付了很小一部分。

第一次世界大战期间，欧洲帝国主义列强暂时放松了对华资本输出。北洋军阀政府财政困窘，滥求外债，日、美两国乘机在中国扩张侵略势力，所以这一时期中国所借外债多向日、美举借。日本在第一次世界大战爆发不久，就对德宣战，借此派兵占领了中国济南、青岛等地，取代了德国在山东的侵略地位。然后日本于 1915 年 1 月向袁世凯提出阴谋灭亡中国的"二十一条"，作为支持袁世凯称帝的条件。"二十一条"分为五大项：①承认日本接管德国在山东的一切特权；②承认日本在辽宁、吉林（长春以南）和内蒙古东部有特殊权利；③汉冶萍公司改为中日合办；④中国沿海港湾岛屿只能租借给日本；⑤中国政府必须聘用日本人做政治、军事、财政顾问，中国地方警察权由中日两国共同掌管，兵工厂由中日合办。袁世凯因英、美等国反对中日签订密约，谈判进行了数月没有结果。至 5 月 7 日，日本提出最后通牒，限 24 小时内答复。袁世凯于 5 月 9 日接受了除第五项以外的全部要求。对此，中国人民曾掀起了大规模的反日爱国运动，为以后的五四运动做了准备。日本帝国主义一方面向袁世凯提出"二十一条"，作为支持袁世凯称帝的条件，并在 1915 年以后又向袁世凯政府贷放了五笔款项；另一方面又在袁世凯的帝制活动遭到广大人民反对时，转而接济反袁的南方护国军政府，指使三井洋行、正金银行等贷出小额借款，并制造山东省内的混乱，企图借此实现它分裂中国的阴谋。

　　美国也加强了在中国的侵略活动。1916 年，美国受到日本逼迫袁世凯政权订立 "二十一条" 的刺激，也极力向中国扩张侵略势力。美国对华贸易额迅速增长，美国输华货物总额由 1913 年的 2586 万美元增加到 1917 年的 6279 万美元，增长了约一倍半。在借款方面，由于美国国内资本过剩，政府支持资本家对华投资，1916 年美国对华借款空前活跃。在这一年，美国李·希金逊公司与北洋政府财政部签订了一个 500 万美元的借款合同，为袁世凯提供军政费用；美商裕中公司与北洋政府交通部签订了 1000 万美元的株钦周襄铁路借款，计划在中国境内建造 1500 英里的铁路；美商广益公司与中国方面签订了整理山东南运河借款和导淮工程整理运河借款，数额共有 600 万美元；美国芝加哥大陆商业信托储蓄银行借给北洋政府财政部 500 万美元，以中国烟酒公卖收入及河南、安徽、福建、陕西四省货物税为担保。北洋政府财政部还与美国花旗银行、美国精炼公司签订了从美国每月运送 150 万盎司银条的被称为 "财政部白银借款" 的合同。这一切使其他列强 "大为震动"，日本人把 1916 年称为 "美国贷款年"。由于其他列强特别是日本的多方阻挠破坏，"美国贷款年" 收效不大。一些借款虽然合同中所订数额较大，实际上只垫付了一小部分；另一些借款虽已签约，但美方并未付诸实施，只是将借款权益作为业已到手的特权而保留。

4 "西原借款"

　　窃国大盗袁世凯于 1915 年公然宣布推翻民国，恢复帝制，遭到全国人民的强烈反对。袁世凯只当了 80 多天的"中华帝国皇帝"，就在全国声讨下被迫取消帝制。但他还想赖在总统位子上。1916 年 6 月袁世凯在全国人民唾骂声中死去。袁一死，以前他手下的北洋军阀公开分裂，中国陷入军阀割据和混战局面。各派军阀在财政上仍然要依赖帝国主义所借给的外债来蓄养军队，进行内战和镇压人民。继承袁世凯控制了北京政府的皖系军阀段祺瑞，首先向日本帝国主义寻求支持。

　　日本在第一次世界大战期间，国内经济获得迅速增长，它的对外贸易额几乎增加了 3 倍，贸易收支首次出现了顺差，于是它由战前的债务国一变而为债权国，国内资本过剩，对华资本输出空前增加。日本妄图利用西方列强忙于战争，无暇东顾之机独占中国，借款成为其扶植和控制中国军阀代理人、与美英等其他帝国主义国家在华竞争的主要手段。在日本这一时期对华借款中，较著名的有"西原借款"。

　　"西原借款"因日本首相寺内正毅的高级顾问西原龟三而得名。寺内正毅原是日本陆军大将，曾担任过朝鲜总督。西原龟三由于通晓朝鲜事务，经常受到寺内的咨询，被称为是"寺内的智囊"。寺内正毅于 1916 年 10 月出任日本首相以后，对"最近成立的美中借款一事"，感到"很不高兴"，立即派西原到华活动。西原穿梭往来于日中两国之间，结果不到两年时间就向段祺瑞的北洋军阀政府提供了 1.45 亿日元的巨额借款，史称"西原借款"。

　　1916 年 10 月日本寺内内阁成立后不久，由外务省制定了《围绕中国问题的日美关系处分案》，提出要以经济战的形式遏制美国在华势力的扩张。日本内阁也制定了《对华借款方针》，从对华贷款机构、交涉手段、投资目标等各方面都作了详细的规定，以期从中国获得"有利的权益"。寺内、西原等选中已掌握北京中央政府实权的段祺瑞作为拉拢对象。他们认为在段祺瑞身上花本钱很值得。正如寺内的亲信后藤新平所说，在段祺瑞上台后，"若断然实行在中国投资一亿日元，则其效果可与其他国家投资五亿乃至十亿相匹敌"。1916 年底，西原在北京对段祺瑞的亲信曹汝霖等表示，日本要以借款和经济的"合理方法"援助段内阁统一中国，改善更新税制、币制、发展交通运输等等，实现"日中经济提携"。种种事实表明，日本寺内内阁企图通过大规模的借款方式加强对段祺瑞军阀政府的"日元外交"，扶植亲日派军阀，实现"日中经济一体化"的侵华计划，使中国成为日本的原料产地和商品市场，成为经济上从属于日本的半殖民地国家。中国的金融、铁路、铁厂是寺内等人瞩目的三大重点，日本如果能通过借款等方式控制这三大利权，也就奠定了把中国变为日本附属国的经济基础。同时，日本内阁也以借款方式作为遏制美国势力在华扩张的一个重要手段。西原借款就是其中的一项具体步骤。

因为西原是深得寺内内阁信任的日本政府代表，是日本与中国皖系军阀勾结的直接牵线人物，他本人也在日本报纸上说过，不仅是"经济借款"，就连"军事借款"与"自己多少都有关系"，所以有些著述干脆就把寺内内阁时期全部对华贷款都笼统称为"西原借款"，也有的著述把这一时期的 33 项借款都划入西原借款的范围。而如果对西原借款范围划分严谨一些的话，它至少包括 1917 年的第一、二次交通银行借款和1918 年的有线电信借款、吉会铁路借款垫款、吉黑林矿借款、满蒙四铁道借款、山东二铁道借款、参战借款等已成立的八项借款，及国营制铁厂借款、币制改革（发行金券）借款等经交涉但未成立的两项借款，总额约为 3.25 亿日元（其中未成立的两项共 1.8 亿日元）。

1917 年 1 月第一次交通银行借款是西原借款中的第一笔。交通银行在北洋政府时期有发行纸币、代理国库等特权，实际上形同国家银行，它与中国银行都是北洋军阀的财政支柱。袁世凯为了复辟帝制及镇压讨袁护国军，从该行大量提款和透支，1916 年交通银行给北洋政府透支的款项达 3682 万银元。袁世凯的亲信、当时任交通银行总办的梁士诒主张发行不兑现纸币来填补银行现银准备不足的窟窿，消息走漏，引起市面上纷纷挤兑中国、交通两行的现银。北洋政府迫使中国、交通两行停兑，酿成 1916 年"京钞风潮"，使两行陷入窘境，而交通银行实力不如中国银行，情况更为窘困。日本侵略者利用交通银行的困境，与北洋政府中亲日派官员勾结，企图把交通银行变成日中合办银行，借此得到"诸外国银行所未得到的广大特权"。西原等人考虑到，如果一下子把处于国家银行地位的交通银行改为日中合办，将引起国际与中国舆论的强烈反响，段祺瑞等亦不敢如此冒天下之大不韪。他们决定先采取两个办法：一是先另外成立一个日中合办银行（即后来于1918年成立的中华汇业银行），中方以中央有力者、地方督军、省长为股东，以后再把交通银行合并于合办银行；二是先向交通银行提供贷款，让交通银行把日元作为外汇储备。1916年12月寺内内阁明令由西原进行交通银行借款谈判，并让当时正与交通银行商谈借款的日本大仓组停止交涉。

西原不仅迅速谈成了数额为500万日元（约合378.79万银元）的第一次交通银行借款，还与段祺瑞等顺利地达成了关于筹建日中合办银行的备忘录。第一次交通银行借款的贷款者是兴业、朝鲜、台湾这三大日资银行所组成的银行团，西原本人就是朝鲜银行的董事。第一次交通银行借款用于恢复交通银行纸币兑现准备金，其利率为年息7.5%，期限3年，以交通银行所有130万元陇海铁路公债票、中国政府400万元国库券及中国政府对交通银行的242.57万元债务证书等为担保，另外还加上一些特别条件：交通银行聘任日本人为顾问，交行在借款期限内如需再借外债应先同日本三行商办等。

按照寺内内阁的决定，横滨正金银行是国际银行团成员，分工负责对华政治贷款；兴业、朝鲜、台湾这三大银行所组成的银行团负责对华经济借款，在对中国金融、铁路、铁厂等借款交涉中享有优先权。这样，利用国家金融资本垄断对华贷款，可以在较短时间控制中国要害部门，可以使这一过程"秘密敏速"，使日本政府能更有效地控制对华贷款。正因为这个新的特殊银行团有这样的背景，它们很快又在9月份与段祺瑞等达成数额更大的第二次交通银行借款。该借款有2000万日元（约合1515.15万银元），是前一笔借款的4倍。它的利率、期限等与前一笔借款相同。它以国库券2500万元为担保，并以以后的借款优先权为条件。段祺瑞等对日本的"慷慨援助"也作出了积极反应，北洋政府财政部正式批准日中合办的中华汇业银行设立，并给予该行纸币发行权，段本人及其他北洋政府要人、地方督军等都作为股东，段祺瑞等还强令中国银行和交通银行加入股份5000股。中华汇业银行成立后，也成为日本对华贷款的一个工具。

在第一次世界大战期间，中国的电信事业还很落后，全国电信线路不过三四万英里，因此，寺内等人认为争夺中国电信利权的潜力很大，控制中国通讯电信业对扩张势力范围也有重要意义。在具体步骤上，西原和日本驻华公使林权助等主张让中华汇业银行先与政府签订草约，然后再与日本银行团协商，于1918年4月达成以汇业银行名义贷放的有线电信借款。该借款数额达2000万日元（约合1265.82万银元），年息8%，期限5年。在实际用途上很大一部分被挪用于财政军需支出，还给了西原本人 1 万日元的旅费和 5 万日元的酬金。

当拟订借款草约条文时，西原曾与日本驻华公使林权助发生意见分歧。林权助顾虑条件如果太苛刻，"中国当局不免遭内外之攻击……结果对今后我国各种对华经营都会带来很大不良影响……应以任何人看来都认为是极其公平的条件缔结草约"。而急于使日本对华扩张占据优势地位的西原，对林权助的意见不以为然，他利用北洋政府内亲日派官员的出卖，为日本攫取了比其他列强以往电信借款更大的利权。该借款以"中华民国政府全国有线电信财产及其一切收入"作为担保，并在借款契约中特别规定了在借款有效期限内（原订 5 年，后延长至 9 年），中国若向外国商借有线电信款时，必须同日本商议；而且"将来全国有线电信事业需用材料购买外国品时，如品质相同或较优，价相同或较廉，则应购买日本品"；中国如果要雇聘外国技师，日本人有优先权。攫得这些利权，为日本在中国电信方面的扩张提供了十分有利的条件，在以后六年内日本对华电信借款不断发展，达到 4955 万日元，显著增强了同西方国家的竞争力量。所以寺内内阁认为该借款"作为实现日中经济提携的项目，是最值得重视的"。

铁路利权是寺内等人所瞩目的三大利权之一。按照西原的设想，日本应通过日中银行业联合开办中国铁道资本团，用这种办法控制中国的整个铁路投资。尽管因条件的限制，这个铁道资本团没能成立，但由于西原等人的活动，成立了吉会铁路借款垫款、满蒙四铁道借款、山东二铁道借款等三项借款，为日本扩张侵略势力，为以后攫取更多的铁路利权和其他利权埋下了伏笔。

吉会铁路（吉林—会宁）借款垫款成立于 1918 年 6 月，主要内容是由日本兴业银行向北洋政府财政部提供年息 7.5% 的 1000 万日元（约合 632.91 万银元）借款，以吉会铁路的财产及其收入为担保。日本很早就想取得吉会线的敷设权。该线对日本有较高的战略价值：吉会线可以将吉长线（吉林—长春）、清会线（朝鲜清津—会宁）连接起来，日本在中国东北的侵略据点长春就不仅可通过安奉线通往日本殖民地朝鲜，还可以通过吉会等线从右翼通向清津海口。这样，若向北对俄作战，吉会线可使日军右翼回旋余地和机动能力大大增强。若向南对华作战，没有该线支持，开战初期南满线日军很可能被中国军队隔绝包围；有了该线支持，日军便可从敦化、吉林等方面向南满支援，并在长春方向插进一支兵力，不仅把中国军队分割在南北满两端，还可防范俄军乘机南下。

在俄国十月革命后，原来由沙俄控制的北满势力范围成为一个"真空"。日本帝国主义急欲填补这个"真空"，中国东北的铁路利权对它就更有意义。1918 年 9 月，兴业、朝鲜、台湾这三大日资银行所组成的银行团与北洋政府签订了满蒙四铁道借款合同。这一借款数额高达 2000 万日元（约合 1265.82 万银元），年息为 8%，以北洋政府国库券和满蒙四铁道全部财产及收入为担保。日本通过这一借款攫取了热河—洮南、洮南—长春、吉春—海龙—开原、热洮线至一个海港的四条铁路利权，这四条铁路的建筑，将增强日本从南满向北满和外蒙扩张的能力。特别是热洮线及由该线至海港这两条铁路对日本侵略势力的北进与南侵有重要战略意义，以至战后美、英、法三国曾经强烈反对日本占有这两条铁路的权益（后文将提及）。

在签订满蒙四铁道借款的同一天，上述三大日资银行还与北洋政府签订了山东二铁道（济顺、高徐）借款合同。与满蒙四铁道借款相同，山东二铁道借款数额也是 2000 万日元，年息也是 8%，以国库券为担保。在合同签订的一个多月之前，西原曾经向段祺瑞提出一个庞大的铁路计划：延长胶济线，使之经甘肃通新疆伊犁，进一步考虑还可把这条铁路建成为穿过中亚，直通欧洲，横跨两洲的大铁路。济顺线（济南—顺德）以山东为依托，伸向华北腹地，可视为这一庞大计划的一个起点。高徐线（高密—徐州）可以大大缩短从青岛至徐州的路程。这条铁路的建成，对日本有四方面的意义：①便于实现日本人把青岛建成为超过上海的大贸易港的设想，因为青岛港湾、设备条件比上海优越，码头仓库收费比上海低，再加上高徐线使从徐州到青岛出海的路程缩短为 480 公里，而从徐州经浦口到上海出洋的路程有 648 公里左右，这样以徐州为中心所集散的货物，将不再南下到上海，而是由高徐线到青岛出口，这有助于青岛港的发展，也十分有利于日本掠夺徐淮、中原地区的原料，以及向这些地区推销日货等；②高徐线不仅可以使英国在上海的势力受到青岛的压制，还可以巧妙地夺取陇海线的出海口，使得俄、法、比共同经营的陇海线为日本服务；③高徐线的建成，也有利于日本经营青岛军港；④高徐线将来还可以向北延伸到烟台，与辽宁隔海呼应，向南、向西南则可以伸向更广阔的腹地。由此可见，山东二铁道借款的成立是日本在华北、华中进行侵略扩张，与英国等争夺势力范围的一个重要步骤。

经西原的交涉，日本以中华汇业银行名义与北洋政府财政部于1918年8月签订了吉黑林矿借款。该借款数额高达3000万日元（约合1898.73万银元），期限10年，年息7.5%。该借款见诸文字的利权要求是最露骨的。该借款以吉林、黑龙江两省金矿及国有森林和两省政府林矿收入为担保，而林矿收入是两省财政收入的大宗，把林矿收入作为借款担保，实际上是让日本控制了吉黑两省的财政。契约书还规定，在借款有效期限内中国政府凡涉及吉黑两省金矿、森林及其收入的国外借款，均须同日本商议。在该借款的附属文书中，还加上了有关中日合作或允许日本人开采吉黑两省金矿和森林资源，中国政府设立采金、森林两局，聘用日本人为技师等文字。这项借款基本上被移用于段政府财政开支。通过这项借款，段祺瑞政府已经向日本出卖了吉黑两省林矿的主权。连亲日派官僚、中华汇业银行总理陆宗舆也不得不承认该借款的卖国性质。该借款谈判时，吉黑两省人民曾经进行游行示威，表示强烈的反对。

西原借款中还有一笔"经济借款"以外的借款——参战借款。该借款是日本军部与西原等人相互勾结的产物。1917 年 8 月北洋政府在美日操纵下，宣布参加第一次世界大战，反对德奥。美国曾答应北洋政府，如果中国在美国指导下参战的话，可以得到美元支持，但要阻止日本插手。而日本军方也企图通过出钱扶植段政府编练参战军来控制中国军队，并借参战军之手夺取原沙俄在北海、外蒙的势力范围。这一阴谋得到西原和日本大藏省大臣胜田主计的支持。段政府得到了日本两笔数额共有 4169 万日元的购械借款（有的学者认为这也属于西原借款，有的学者认为购械借款不属于西原借款范围）用于购买军械。段祺瑞等还派出一部分海陆军远赴海参崴，参加帝国主义国家对俄的军事干涉。日本帝国主义者在 1918 年 9 月与段政府成立了参战借款，由兴业、台湾、朝鲜三银行出面贷给段政府 2000 万日元（约合 1265.8 万银元），期限 1 年，年息 7%（后来延期，年息也改为 8%），以国库券作担保。日本与段祺瑞政府同时签订了有关段系军队聘用日军将校军官，段军在外贝加尔等地作战将由日本军官指挥等协定。而且参战借款契约还规定，中国政府将来需要与该借款同一目的的借款时，仍须先同日本商议。这实际上就是让日本帝国主义控制段祺瑞政府军队有关事宜，而排斥美国等其他列强的插手。

西原借款中有两项经交涉但未成立的借款：国营制铁厂借款和币制改革（发行金券）借款。国营制铁厂借款的目的是要利用中国廉价的煤铁资源和劳动力，在中国炼出生铁，再运往日本作为炼钢原料，使中国变为日本钢铁工业的铁矿原料产地。为达到这一目的，日本在与段政府商谈的关于该借款的备忘录中贷款数高达 1 亿日元，这在日本对华贷款记录上是罕见的。按照西原等人的打算，先表面上承认中国铁矿国营，由日本提供巨额贷款援助中国开采凤凰山铁矿（位于南京西北郊，当时估计埋藏量为三四千万吨），建立国营制铁厂，然后由日本实际控制矿山和生铁出口。该借款拟以中国烟酒公卖收入为担保。

　　该借款谈判本是秘密进行的，但消息很快被报界披露。直系军阀抓住此事大肆攻击段祺瑞和曹汝霖。英国以长江流域为势力范围，认为中国政府应优先考虑英国在此地提出的利权申请，而对该借款表示反对。美国政府也一再向北洋政府施加压力，美国公使还找上门去质问曹汝霖，反对该借款。日本国内，包括以前曾与中国进行关于凤凰山铁矿借款谈判的日本其他资本家、驻华公使等，也对该借款条件等表示不满。西原与曹汝霖等迫于上述压力，只得中止签约。

　　币制改革借款涉及的国际关系更为复杂。美国曾在清末与清政府签订过这方面的协议，后来又把这种权益让与国际银行团。1917 年 9 月，段祺瑞政府在日本授意下，向国际银行团提出 2000 万英镑的币制改革借款并招聘日本人为币制改革顾问的请求。当时德国已脱离五国银行团，其余四国中只有日本有能力承借。英国不愿让日本独揽此项权益，其外交大臣恳求美国承受一部分借款，由英国银行团代理发行，但被美国拒绝。10月，美国通告中国政府："美国是币制改革计划的最初推进者"，保留加入目前交涉的币制改革借款的权利。俄国十月革命后，四国银行团实际上只剩下三国。日本趁机独占的野心更大。1918年2月日本先后向英、法政府递交了备忘录，要求由日本人担任中国币制改革顾问，英、法在有所保留的情况下表示同意。美国也只好表示"原则上不反对"。尽管在顾问人选上英、法、美作了让步，但并未许诺日本可以一手操纵中国币制改革及其借款。而西原对此毫不顾及，他为曹汝霖起草了改革币制方案，并着手交涉关于8000万日元的币制改革（发行金券）借款。1918年8月段政府公布了《金券条例》，企图依赖日本借款建立金汇兑本位制，使中国币制完全变为日本的附庸。《金券条例》公布后，遭到英、法、美强烈抗议。日本正金银行因不能参与许多重大的对华贷款活动而心怀不满，此时也以国际银行团成员的身份连同英、法向中国抗议。在寺内内阁倒台以后，后继的原敬内阁修正了对美政策，对美国刺激性较大的国营制铁厂借款和币制改革（发行金券）借款都被停止。

西原借款虽然大多以经济借款为名，实际上绝大部分被移用于弥补段政府的财政亏空，用于办实业的只有很少一部分。以研究20世纪30年代以前中国国际收支而著名的美国经济学家C.F.雷麦指出，西原借款除了数目巨大及借贷迅速外，还有其他一些不常有的特征。他指出，西原借款谈判是在一种很秘密的情况下进行的，与西原谈判的中国官员为曹汝霖，曹氏

75

三 南京临时政府与北洋政府时期的外债

当时兼任交通、财政两部总长，他的行事"大多连自己部员都不知道"；美国驻华公使于借款达到高潮时致电美国政府说，在北京有八家报馆新近因为发表借款合同详情而被查封。雷麦认为，西原借款的性质是日本付予当时握权的一班中国官吏的贿赂，借以交换协定给日本投资以某种权利，特别是在东北的权利。事实也证明，日本帝国主义与中国皖系军阀的勾结，其作用大大超过了资本输出作为一般经济活动的作用。日本公使林权助亦承认，这使"日本在各方面都获得了广泛的独占权"。

在第一次世界大战期间，日本除了西原借款以外，还发放了其他各种对华贷款，如1917年、1918年日本贷放给段政府陆军部的两次数额共达4169万日元的购械借款，贷放给段政府财政部的三次共有3000万日元的善后续借款垫款等等，仅1917年、1918年两年日本对华贷款总额就约合2亿银元，占这两年中国所借外债总额的85%以上。

新国际银行团与北洋
政府后期外债

日、美在华的激烈争夺，一度把两国关系推向战争边缘，但双方都不愿破裂，于是有1917年11月签订的《蓝辛—石井协定》，企图两国"合作"侵略中国。但是这种合作不久就因为双方争夺对华币制借款而告破裂。1918年时，美国经济实力已有了很大的增长，逐渐成为世界第一经济强国。这时第一次世界大战胜败已见分晓，美国不能容忍战后日本在远东攫取到最大的战利品，美国垄断资本集团便发动组织"新国际银行团"来限制日本在华势力的扩张，争夺对华借款的主导权。1918 年 6 月，美国政府对国内各银行家发出邀请，商讨成立新国际银行团中的美国银团。10 月 8 日，美国正式向英、法、日发出组建新国际银行团的提议，并声称："美国已拟定组织银团之纲要如下：①由美英日法四国资本家组织对中国之借款团；②凡是中国的政治借款和经济借款，一概承受；③旧银行团各员，既得借款之优先权，让与中国或新银行团。"按照美国这一提议，新银行团将包揽对华贷款，而美国将成为新国际银行团的领袖，取得对华扩张的优势地位，日本将丧失过去的威势。美国在有关远东政策的其他一些方面，对日本的态度也越来越强硬。

第一次世界大战结束以后，帝国主义列强在华争夺投资市场的斗争复杂化，英、法都希望改变日本在中国的特殊地位，对美国关于组织新国际银行团的建议作出了积极响应。在新银行团发起组织过程中，日、美两国财团之间的斗争十分激烈。面临美、英、法三国一致的外交压力，日本提出它可以参加新银行团，但要附加"满蒙除外"的条件，企图保持它在中国东北及蒙古的垄断地位。这一条件遭到美、英等国拒绝。美国还压日本交出热洮线及其中一点到海港的铁路权益给新银行团。由于日本经济在许多方面还不如美国，甚至还要依赖美国，特别是后来日本国内经济危机时，还有求于美资援助，而且日本也得罪不起美、英、法三国的联合势力，所以日本终于妥协，以交出热洮两线的铁路权益为代价，勉强参加了新银行团，"忍痛地接受美国的约束"。1920 年 10 月 15 日正式签订了国际新银行团协定。

新银行团形式上是美、英、法、日四国垄断资本合组的国际银行团，宣称统一承担对华各项借款，实际上是在美国财团支配之下。所有四国业已攫得而尚未着手举办的各项特权和借款优先权，一律让渡给新银行团。日本已经吞入的济顺、高徐两线铁路权益也被迫吐出，让给国际新银行团。新银行团不仅对于借款的用途具有监督稽核特权，从而使中国财政受它严格的控制和支配，还要求中国抵押的税款，从关税、盐税、烟酒税、印花税等，扩展到田赋租课。可是在当时中国军阀割据局势下，田赋成为各省军阀的禁脔，因此，把田赋作为借款抵押品，不仅遭到全国人民的反对，也为各省军阀所拒绝。新银行团事实上并没有得到中国的承认，而新银行团也对北洋政府怀疑、失望，对南方军政府却逐渐重视，所以未曾和北洋政府公开谈成一项巨额借款。由于新国际银行团的垄断，同时也因北洋政府财政日趋恶化，所借外债，除有关、盐税抵押的以外，其余都不能按期偿还本息，借债信用江河日下。这一时期除 1920 年陇海铁路荷比借款、1922 年收回胶济路借款、1925 年中法五厘美金债款外，超过 1000 万元以上的较大借款已不多见。1920～1927 年数额约合 500 万银元以上的外债可见表 3－2。

表3-2　1920~1927年北洋政府主要外债

借款年份	借款名称	承借者	贷款者	借款金额	折合(万银元)	年息	实收额(万银元)	期限
1920	有线电报借款	交通部	东亚兴业会社	15000000 日元	945.38	9%	439.85	13 年
1920	应急借款	财政部	正金银行	9000000 日元	567.23	8%	541.51	13 年
1920	陇海荷比借款	交通部	比国铁路电车公司 荷兰资本	150000000 法郎 50000000 弗鲁令	2264.76	8%	1957.70	10 年
1921	联合电报借款	交通部	加州联合电报公司	4167500 美元	822.53	6%	764.96	10 年
1921	京奉双轨借款	交通部	中英公司	5794416 银元	579.44	8%	573.25	50 个月
1921	加拿大银行借款	财政部	加拿大联合银行	3000000 加元	592.11	8%	394.74	6 个月
1922	包宁展线库券	交通部	比国营业公司	800000 英镑	640	8%	556.80	10 年
1922	收回胶济路借款	交通部	日本政府	40000000 日元	3488.37	6%	3488.37	15 年
1923	青岛公产借款	鲁案督办	日本政府	14000000 日元	1288.34	6%	1288.34	15 年
1924	洮昂铁路借款	交通部	南满铁路会社	12920000 日元	993.85	9%	993.85	
1925	中法五厘借款	财政部	中法工商银行	43893900 美元	7838.20	5%	7838.20	23 年
1925	吉敦铁路垫款 1	张作霖等	南满铁路会社	10767428 日元	791.72	9%	791.72	
1927	吉敦铁路垫款 3	财政部等	南满铁路会社	9158106 日元	953.97	9%	953.97	

注：有些用于付息的外债不在内。

这一时期帝国主义对中国的借款活动再次表明，它们对旧中国政府的借款，远远超出资本输出的一般经济范畴，而是成为一种特殊的政治权利和经济权利，成为帝国主义列强"争夺中国统治权的工具"。

6 汉冶萍借日债的历史教训

20世纪上半叶，中国不仅政府借了很多外债，民间工商企业中也有不少靠举借外债来救急的。这与当时中国资金短缺、金融机构放款利率高有很大关系。北洋军阀混战时期，中国一些城市放款利率比以前又有所上升。从北洋政府财政部档案材料看，当时京、津一带资金短绌，"所有各项利率均较前增高"。以"救济农工"相标榜的农工银行，1917年以后放款年利率最高为18%，而到1921年已升至21.6%。资金市场利率高，还有一个直接原因，即公债的发行。北洋军阀为了进行内战，滥发公债。这些内债利息高，实际向银行抵押时又按票面五六折发行，"于是公债遂成为社会流行资金的主要投资对象。公债投资利息恒在一分五厘以上"。这样许多资金被吸引到公债投机上去。这些公债主要用于内战，很少用于工矿业的开发。公债投机使利率抬高，使高利贷更为盛行。高利贷一方面侵蚀原有的产业资本，另一方面又吸引社会资金流向流通领域，而使生产领域资本更加不足。而且中国近代金融业以投机公债和商业贸易放款为主，"对工矿事业的贷放，通常仅在全部投资额的1%以内"，以致许多民族资本企业不得不转求外国贷款。外国贷款条件非常苛刻，"譬如利息，一般都在10%以上，常常高至12%"，民族资本举借外债的情况仍然很多。举借外债的结果，往往使企业遭到被外资吞并，或沦为外资附庸的厄运。以1917～1921年的华资纱厂为例，已知曾经举借外债的22家企业中，除去5家结果不详以外，能够清偿债务的只有一家，"其他都在各种名义之下实质上被帝国主义垄断资本所吞并了"。

中国近代规模较大的钢铁企业汉冶萍公司的沦落史，也是因资本短缺而求助于外国贷款，终遭厄运的一个典型例子。汉冶萍公司由汉阳铁厂、大冶铁矿和萍乡煤矿组成。20世纪初期汉冶萍公司曾经有过较大的发展，获得了令世界瞩目的成就，一个外国记者曾预言汉冶萍所在地区不久将成为"中国的匹茨堡"。汉冶萍生产的生铁质量被"欧美行家称为极品"，远销海外；其所生产的钢轨、桥料等，不仅有广阔的国内市场，美国、日本等地也纷纷来求购。其所属萍乡煤矿的开发及其成功，汉阳铁厂的发展成就，显示了近代中国不乏像李维格、张赞宸等具有"创新精神"的现代企业家，能够掌握先进生产技术。加上中国丰富的劳动力资源，可以说在诸种生产要素中，汉冶萍公司所缺者，唯有资本。

资本不足的难题长期困扰着汉冶萍。清政府既要支付巨额庚子赔款，又背负着外债还本付息的沉重包袱，不能对汉冶萍追加投资。1908年汉冶萍改为商办以后，尽管20世纪初汉冶萍公司成效卓著，但是社会上对公司的投资并不像公司主持人盛宣怀所期望的那样"踊跃"。到1910年，"充其量只招集到股金一千二百余万元，与原期集股二千万元的目标相去甚远"。

因汉冶萍公司资本拮据，盛宣怀等公司主持人转而依赖外资。他们曾向德、俄、英等国借过几笔款项，后来主要向日本举借。据统计，清末1903～1911年汉冶萍借日债13笔，共约1800万日元；民国时期1912～1927年间汉冶萍借日债15笔，共有3200万日元和400多万两银。日本因为其国内钢铁工业的发展，缺乏铁矿等原料，就利用汉冶萍借外债的机会，把它们的势力逐步渗透进来。

1904年由日本兴业银行经手，向汉冶萍提供了300万日元的"预售矿石借款"，这是日本侵略势力向汉冶萍渗透的第一个典型事例。为这项借款进行联系、商洽的，并不是一般商人，而是日本驻上海总领事小田切。而小田切的一切行动又要严格听从日本外务省的指示。日本外务大臣对贷款的数额、利息、年限及担保品等方面都向小田切作了具体指示，例如他在贷款期限上一再强调尽可能延长，"无论如何，30年的期限必须予以坚持"，其目的在于长期控制大冶铁矿。日本势力利用各种方法，终于在1904年与盛宣怀签订了这项借款的合同。合同从若干方面制约了大冶铁矿与汉阳铁厂的活动。它首先标明借款期限为30年，年息六厘。接着规定借款以大冶的矿山、铁路、设备、房屋等为担保，"此项担保在该期限内不得或让、或卖、或租与他国之官商，如欲另作第二次借款担保，应先尽日本"；在偿还贷款的方法上则规定，以大冶所产铁矿石作价偿还，其价格低于市场价格。合同还特别规定每年还本付息的限度，不得多还，以便长期控制大冶。合同还对聘用日本技师作了规定。这一借款拉开了日本以借款方式迫使汉冶萍长期向日本供应廉价钢铁原料的序幕。

1905年，日本农商务省、外务省、大藏省三位大臣联名向内阁总理大臣提出建议，主张利用日本兴业银行、三井物产会社、大仓组等经济实体，以表面的商业关系为掩护，以提供资金、派遣技师为主要手段，使大冶铁矿和萍乡煤矿的采掘权，这两矿以及汉阳铁政局和兵工局的经营管理权全部归日本。这一建议被日本首相所接受。这些史料后来被披露出来，有助于人们看清楚当时日本贷款所包藏的祸心。1910年3月，美国西雅图西方钢铁公司及旧金山大来公司与汉冶萍公司订立了为期七年半（期满可再续订）、每年购买汉冶萍生铁和矿石35000～70000吨的合同，这引起了日本官场的骚动。日本农商务大臣、外务省与大藏省官员、驻上海总领事、制铁所长官及日本派驻大冶的技师对此事密切关注，担心美国势力插手汉冶萍。日本方面一再向盛宣怀等人施加压力，而盛宣怀等在有关主权的大是大非面前却显得非常软弱。后来也由于西雅图西方钢铁公司的财政发生困难，该合同仅在第一年履行了一部分，到第二年就没有下文了。

1910年10月，日本方面派八幡制铁所长官中村雄次郎来与盛宣怀进行密商，其主要内容是更有效地由汉冶萍向日本提供质优价廉的生铁和矿石。大概是因为日本急于需要中国的生铁,当年 11 月就很快达成"预借生铁价值借款"草合同,次年 3 月签订了正合同。而且在合同中未提出有关担保或抵押要求,这在历来日本与汉冶萍订立的借款合同中是罕见的。合同规定由日本横滨正金银行向汉冶萍发放 600 万日元借款,年息 6 厘,以 15 年为期;规定了在这 15 年每年汉冶萍作为还债向日本提供的生铁数量、质量和价格,及每年增加供应的矿石数量。通过这次借款合同,日本势力进一步加强了对汉冶萍的约束。

不久,盛宣怀为了索取汉冶萍公司对他本人所欠款项,以及筹措实业扩张资金,又打算由汉冶萍公司大借外债,向日、英、法、德、美五国各募债 500 万元。日本担心其他列强插手汉冶萍,急忙向盛宣怀表示,日本与盛宣怀关系既久又深,与汉冶萍长期"亲密无间",如果将日本与其他国家放在同等地位,日本将感到最不愉快。盛宣怀就取消了同时向五国借债的计划。日本急忙与盛宣怀商洽再向汉冶萍提供 1200 万日元的贷款,并很快于 1911 年 5 月签订了"预借生铁价值续借款"草合同。但在他们准备签订正合同手续时,爆发了辛亥革命,盛宣怀逃亡日本。

日本乘中国国内局势动荡,南京临时政府财政极为困难之机,便又以提供借款为诱惑,与盛宣怀勾结,企图实现"中日合办汉冶萍公司"的阴谋。1912 年 1 月 29 日盛宣怀与日商代表在日本签订了"汉冶萍公司中日合办草约"。在全国激烈的抗议和反对下,该草约被南京临时政府下令废除。日本人不甘心，他们利用1913年春盛宣怀重新掌握汉冶萍公司大权，并被公司董事会授权承办对日借款事宜的机会，企图"进一步加深日本同汉冶萍的关系"。经过一系列幕后活动，在这一年10月由日本内阁会议决定："帝国政府令横滨正金银行，大体根据下列条件，贷给汉冶萍公司一千五百万日元，作为该公司事业扩充及债务清理之用。"其主要条件有：①贷款分为两笔，900万元为事业改良及扩充费，600万元为高利旧债转换新债费；②期限40年，还本付息主要以铁矿（石）及生铁购价充当；③以汉冶萍公司全部财产为担保品；④日本政府推荐日本人为汉冶萍采矿技术顾问和会计顾问，以监督汉冶萍公司事业及会计事务。12月，盛宣怀与日本制铁所长官、横滨正金银行总经理等签订了正式借款合同，日本内阁上述条件在合同中都得到了具体实现。合同规定了在40年借款期限内，汉冶萍每年供应日本优质铁矿石60万吨，生铁30万吨，以作为还债之用。合同还明确规定日本横滨正金银行对汉冶萍今后具有借款优先权，汉冶萍今后如果需借外债必须先与正金银行联系，不能与其他国家进行任何融通资金的活动。在合同附加的"别合同"中还规定汉冶萍应聘用日本工程师一名为最高顾问工程师，"公司一切营作、改良、修理工程及购办机器等"应与该最高顾问工程师协议而实行；规定汉冶萍聘用一名日本人为会计顾问，"公司一切出入款项应与会计顾问协议而实行"。这样，使汉冶萍公司及其所属厂矿从生产到经营的一切重要活动，都必须听命于日本。

"1913 年 1500 万日元大借款"合同签订以后，引起公司内外的不满，北洋政府也表示反对，要对这一借款进行行政干预。日本便出面直接威胁北洋政府。日本公使一再警告北洋政府代理国务总理兼外交总长孙宝琦、农商总长张謇等人，反复以酿成国际纠纷相威胁。在日本不断施加压力的情况下，北洋政府被迫停止了对汉冶萍借款的干预。这一大借款在这样情形下成立，加深了汉冶萍对日本的依附关系，迫使汉冶萍长期向日本钢铁工业提供大量优质而廉价的矿石、生铁等原料。

为了保证日债合同的执行，"公司在生铁、钢和煤焦的生产上，矿石资源的开发上，以及企业的扩充与否的决定上，事事都要仰承日本资本的鼻息"。汉冶萍的生产方向出现明显变化，原先以生产钢轨、钢料为主，后来逐步变为以采矿石及炼生铁为主。1915 ~ 1920 年大冶矿石年产量已经是 1904 年的 4 ~ 7 倍左右，所产矿石半数以上输往日本。1923 年以后矿石产量逐年下降，而输往日本的数量仍有所增加；公司生铁产量于 1913 年以后逐年增加，而输往日本的数量增加更快，1923 年以后生铁产量开始下降，但是输往日本的比重并未减少。1924 年生铁产量下降为 26977 吨，而输往日本的数量却高达 122306 吨，这表明该年全部产量还不足以抵充日本当年的需索。而汉冶萍自身的钢产量，1913 年以后长期滞留在 5 万吨以下，到 1922 年以后更是处于停顿状态了。这使得正在发展的中国钢铁事业遭到严重挫折。钢铁资源贫乏的日本，其钢铁事业却由于有了中国输送的优质廉价的矿石和生铁，获得了迅速发展，为日本以后进一步的侵略扩张提供了钢铁来源。

汉冶萍滥借日债的后果，不仅使公司的生产经营方向等受到日本人的控制和利用，而且在输往日本的矿石和生铁价格问题上，公司的利益也受到了严重的损害。特别是在第一次世界大战期间，输日矿石和生铁价格不合理的问题就更加尖锐。汉冶萍向日本提供原料的价格与市场价格相差很大，以生铁为例，1918年日本东京生铁市场价格达到每吨 480 日元，然而汉冶萍输往日本的生铁受借款合同所定价格约束，长期维持在每吨 36 日元。后来经公司多次交涉，才略有增加，但与市价相比仍然很低，只有市价的 1/4 左右。仅 1914～1918 年五年内，公司输日价格与市价的差额估计在 1 亿元左右，假如汉冶萍这几年按市价将产品销往日本或美国等，"所得外汇偿还全部日债还有余"。1915 年孙宝琦任汉冶萍公司董事长时，鉴于日债使公司吃亏太大，曾打算募集内债提前偿还日债。日本方面立即作出反应，无论如何也不允许汉冶萍提前还债。日本八幡制铁所利润率 1913 年时为 11.4%，到 1918年已递增为 112.6%，增幅如此之大，其中有很大一部分是来自汉冶萍低价提供的矿石和生铁的转化。

日本人在中国辛亥革命时，以及在 1915 年袁世凯想当皇帝，日本趁机向袁提出"二十一条"时，两次企图把汉冶萍改为日中合办，都没有成功。但是他们通过贷放借款的方法，终于使汉冶萍成为他们的附庸。由于日资的控制，汉冶萍不仅蒙受巨大的价格损失，而且所欠日债越积越巨，每年单在利息支付上常达一百数十万银元，致使公司当国际市场钢铁价格跌落时便连年亏空，所属炉、矿等陷于减产或停产，到1927年初已濒于破产的边缘，不得不接受更为苛刻的条件再次向日本举债，其代价是使公司一切经营活动完全听命于日本顾问和日籍人员，开采的铁矿石全部运往日本，"沦为单纯为日本开采铁矿石的殖民地性企业"。

汉冶萍原是想利用外资发展本国钢铁事业，但由于盛宣怀等不注重改善公司内部经营管理，降低生产成本等，而是一有资金困难就盲目大量借债，而且受日本人威胁利诱，轻易放弃了向不同国家借债，以便利用外资之间竞争的计划，使汉冶萍后来完全受日本人的控制，反被外资所利用，公司濒于破产，沦为日本钢铁事业的附庸。这一历史教训应当为后人所记取。

＊　＊　＊　＊　＊　＊　＊　＊　＊

辛亥革命以后，南京临时政府和北洋军阀政府的财政一直非常窘迫。清政府留下了极为沉重的赔款和债务包袱，而袁世凯及其以后掌权的各派军阀政府因军费等开支极大，也都把"仰给外债"作为自己能够生存下来的重要条件。旧债加新债，使得北洋政府在债务泥淖里越陷越深，不能自拔。1916年以后成立的南方护国军政府及南方独立各省政府也借了不少外债。据著名经济史学家徐义生的较详细的考察和统计，1911 年 11 月至 1927 年 10 月这 16 年间南北政府所借外债共 467 笔，外债总额约合 13.37 亿银元，除去折扣等中国政府实收 9.7641 亿银元，实收额为借款额的 73.03%。这些数额还不包括汉冶萍等企业所借的大量外债。从外债笔数看，这 16 年是清政府 1853～1912 年近 60 年的 3 倍还多；从外债总额来看，如果按 1 银两＝1.5 银元折算，这 16 年南北政府外债总额约合 8.9 亿两银，比清政府近 60 年的外债总额要多几千万两银。这些外债中 95.7% 为北洋政府所借，可以说，北洋政府依赖外债、滥借外债的程度比清政府后期更甚。

如前所述，由于国际银行团对中国贷款的垄断，北洋政府时期许多借款都以"经济借款"的名义举借。这一时期以"铁路借款"名义举借的较多。从这些"铁路"借款额来看，民国初年以陇海路借款为最多，1918 年以满蒙四路及山东二路借款最多，1920 年又以陇海路借款最多，1921 年各路购料借款较多，1922 年以收回胶济路借款最多，此后借款较多者是为了东北地区修路而借款。这一时期铁路借款虽多，但实际用于修筑铁路的并不多，许多款项被挪作他用。

总的来看，这一时期政府所借外债的用途，按照徐义生先生的统计，有 31.57% 用于财政金融开支，22.90% 用于购军械、发军饷，20.44% 用于偿还旧的外债本息，17.34% 用于修筑铁路和增加铁路设备，

2.90%用于航运电信，2.85%用于工矿实业，还有2.00%作为其他用途。由此看来，北洋政府时期外债一半以上用于军政开支，其次用来还旧债，而用于发展经济的只占很小一部分。

在帝国主义列强方面，它们时而为争夺在华贷款权益你抢我夺，时而组成国际银行团联合垄断对华贷款权，联合控制北洋政府财政。第一次世界大战期间，欧洲列强忙于互相残杀，日、美趁机在华扩张侵略势力。日本作为一个新兴的帝国主义国家，对外扩张性极强，企图利用第一次世界大战的机会独霸中国，它先是强迫袁世凯政府接受"二十一条"，后来又勾结段祺瑞政府，提供"西原借款"等大笔贷款，希望使中国在经济上成为日本的原料供应基地和商品市场，在政治上成为日本的附庸。美国不愿让日本独占中国，它自己也要扩张在华势力，美、日两国在中国借款问题上进行了激烈的争夺。第一次世界大战结束后，美国拉拢英、法，迫使日本以让出一部分已到手的对华贷款权益为代价，参加以美国为首的新国际银行团。日本实力不如美国，更不能与欧美列强的联合势力对抗，不得不暂时向美、英、法等妥协，暂停其企图独霸中国的侵略活动，重新承认与欧美列强共同支配半殖民地中国。北洋政府时期的外债问题，成为帝国主义列强在远东争夺的一个焦点。

这一时期世界政治经济局势的变化，以及帝国主义列强各国围绕中国外债权益问题所进行的激烈争夺，对列强各国在中国政府外债中的实际份额起了很大的影响。从 1911 年辛亥革命到 1927 年中华民国政府所借外债实收额的比重来看，日本的比重由清政府后期的 5.49% 上升到 39.42%，已占据第一位，比过去清政府的三大债主英、法、德三国比重的总和还多；法国的比重为 16.31%，比它在清政府后期的比重略有上升，位次也升至第二；英国已降至第三，比重为 15.17%；比利时位居第四，比重为 9.35%；美国尽管进行了很多活动，后来还当上了新国际银行团的发起人和领袖，但它在这一时期中国政府外债实收额中的比重没有提高很多，只是由清政府后期的 2.97% 上升至 6.52%，名次还在比利时之后，与它在战后资本主义世界的地位不大相称，它的对华投资潜力要到以后才发挥出来。我们在第四章里将会看到，美国很快成为国民党政府最大的债主。德国在 1914 年发动第一次世界大战后，其对中国政府的贷款活动基本上停止，但由于其在战前对中国的贷款额较高，所以从这一时期中国政府外债实收总额的比重来看，德国略低于美国，居第六位。俄国在清政府后期外债中的份额，仅次于英、德、法，位于第四，而由于 1917 年发生十月革命等原因，其在这一时期中国政府外债中的比重由清政府后期的 7.35% 降至 5.28%，位于第七。

无论帝国主义列强之间是激烈竞争，还是联合垄断，它们对于北洋军阀政府，总是趁其财政困难之机，运用贷款手段，或提供贷款，或停止贷款，或勒索逼债，以控制和利用北洋各派军阀政府，借以攫取最大限度的政治、经济权益。

　　1922年以后因北洋政府财政更趋恶化，所借外债除有关、盐税抵押的以外，其余都不能按期偿还本息，例如西原借款中有一些是以尚未建筑铁路的"财产和收入"为担保，到后来除了第一次交通银行借款500万日元于1920年还清之外，其余各项借款到期本息，北洋军阀政府均无力偿还，日本债权银行团对于空泛而无确实的担保也无法处理，因此西原借款大部分成为滥账。北洋政府后期，中国政府在国际上的债信江河日下。这是北洋政府滥借外债，而日本等外国资本主义为了广泛地获取中国经济和政治的"有利的权益"，向北洋政府"过度贷款"所造成的必然后果。

四　国民党统治时期的外债

 南京国民政府对外债的整理

　　蒋介石在南京建立国民政府以后，由于连年发动消灭异己的军阀战争和反共战争，军费开支浩繁，财政亏空很大，急需筹款，不得不再设法借债。因当时中国尚有数百笔清政府和北洋政府所借外债没有还清，而且债务关系十分混乱，债信很差，在没有得到国民政府如何解决旧外债的保证前，外国资本不肯贸然再借外债给中国。1928年英国首相张伯伦声称，中国首先要树立自己国家的信誉，还清旧债，才能再商谈新的借款。1929年召开的国际商联大会也提出，中国"不能赶紧整理旧债恢复国际信用，无论何国绝不贷款"。再加上世界资本主义正处于经济大危机之时，由经济危机引起的信用危机使当时国际信贷市场趋于瘫痪。在这种情况下，南京政府很难借到外债。宋子文等多次奉蒋之命向国外求贷，但常空手而回，争取到的债款很少。在1930年以前，国民政府所借到的较大款项为1928年财政部向中比庚款委员会举借的500万美元的华比六厘美金公债，其余都是小额铁路垫款、自动电话借款等。

在国民党取代北洋军阀，建立全国政权之前，国民党 1924 年的全国代表大会曾经决定不承认"贿选僭越之北京政府"所借的巨额外债。但是蒋介石刚建立南京国民政府时，在国际上并没有得到普遍承认，列强各国承认中国新政府的前提条件之一，就是看它能不能偿还历届政府积欠的外债。蒋介石为了得到列强承认，也为了筹集军费，应付财政困难，只好一方面依靠内债，另一方面采取讨好帝国主义的政策，宣布承担偿还清政府和北洋政府的所有外债，试图重树债信，取得帝国主义列强的支持。

南京政府于 1929 年成立了"整理内外债务委员会"，专门审议和处理偿债问题。该委员会由行政院长、立法院长、监察院长、财政部长和与内外债有关的各部部长组成，还聘请了一些外国专家参加。南京政府还从 1929 年 2 月起，由关税项下每年拨 500 万元基金存储，以备偿还债务之用。1930 年 11 月整理内外债务委员会与美、英、法、日、比、意、荷等债权国代表在南京开会，商谈整理外债办法。会议上商定了整理铁路、交通等中央部院旧债的办法，还商定了关于外债整理的三条原则：①其数小而无问题者不待交涉，即时开始偿还；②其数大而无问题者，即予承认，商议偿还办法；③其有问题者，另行交涉。

在这次会议上，日本最为关心的是西原借款的偿还。孙中山早在国民党"一大"就宣布不承认这种卖国性质的借款，所以在这次会议上南京国民政府也不予承认。为此，中国与日本的债务谈判陷入僵局。在这种情况下，担任南京政府财政顾问的美国财政专家 A. N. Young（杨格）和中国整理内外债务委员会秘书长提出了解决西原借款的妥协办法，"就是把中国公众认为极为可恶的这个债务放在一旁，先解决别的债务问题"。因此，会议专门列出一条，即上述第三条原则："其有问题者，另行交涉。" 1931 年日本发动九一八事变，侵占中国东北以后，关于日本债务的讨论也停止了。

尽管南京国民政府在内债方面债信很差，但它在致力于外债整理、努力恢复外债债信方面做了很多工作。南京政府根据上述原则，将清政府和北洋政府遗留下的外债分为有确实担保及无确实担保两大类，分别进行整理。有确实担保是指有债约而且债约中明确规定由中国关税和盐税偿还者，南京政府于 1929 年 9 月和 1934 年 10 月对此进行了两次大整理，按债约规定偿付本息。无确实担保是指有债约但并没有明确规定偿还方式者，南京政府对此采取"一面审核整理，一面核拨基金，专款存储，以备实施"的方法，经审核整理的共计 69 笔，其中日本债务占一半以上。据估计，截至 1934 年 6 月底，财政部经管的无确实担保外债已承认整理者，折合本息共计 10.96 亿元；铁道、交通两部经管的外债已承认偿还者，折合本息共约 6 亿元；有确实担保外债，截至 1936 年 6 月底，折合本息约 5.8 亿元。另外还有战争赔偿积欠约 5 亿元。在

1937 年 7 月前，南京政府已偿还外债共约 2.75 亿美元，约合国币 8.25 亿元，平均每年偿还外债 1 亿元左右。在所清偿的外债中，因日本相继发动九一八事变和一·二八事变，所欠日债暂停偿付，因此已偿还的大多是西方国家债款。当时积欠西方国家的债务已经剩下不多了。按照 A. N. 杨格的说法，"如果不是由于战争（日本全面侵华战争）的干扰，这些旧债，除去日本的债权因日本侵略满洲和华北而缓议外，其他都是不久即可清偿解决的"。

南京政府在整理外债方面十分卖力，取得了一定成绩，这在旧中国历届政府中是少见的。从当时资本主义世界来看，在经济大危机中，各国相互赖债已是一种普遍现象，因而南京政府整理外债的工作也很突出。中国债信逐步提高，经多方周旋，又借到了一些外债，特别是 1934 年以后，外国答应向南京政府提供的信贷增多，以至南京政府财政顾问 A. N. 杨格曾经断言："如果不是发生了战争，中国在经济发展中必能从外国得到数目相当大的财政援助，并从中得到好处。"

美麦借款、美棉麦借款和中德易货信用借款

1931～1937 年南京政府举借的外债逐渐增多。这一时期影响最重要、数额也较大的三笔外债是 1931 年的美麦借款、1933 年的美棉麦借款和 1936 年的中德易货信用借款。

1931 年，因各省水灾，粮食缺乏，经南京国民政府行政院副院长宋子文提议，国民政府向美国中央农业委员会求援，后来订立《美麦借款合同》。该合同先由中国财政部与美国农商部议定条件，后由中国外交部照会驻华美使正式承认。其主要内容为：中国政府向美国粮食平价委员会购买美麦或面粉 45 万吨，美麦自同年 9 月至 1932 年 3 月分批起运；麦价共计9212826 美元，作为借款，年息 4 厘，每年 6 月底和年底付息两次，麦款自 1934 年至 1936 年分三次还清，每次付 1/3；指定关税 5 厘水灾附加税为还本付息的担保。此项借款收入在当时名为赈济水灾，实际上很大一部分被蒋介石用于"围剿"红军的开支。对于当时正困于经济大危机的美国来说，除以剩余物资作为资本输出外，也可以减轻其国内的农业危机。

1933 年南京国民政府因发动对共产党中央苏区的第四次"围剿"等，军费开支很大，财政十分困难。4月，宋子文再次赴美，趁出席华盛顿经济讨论会之机为南京政府寻求新的贷款。由于美国新订《约翰法案》，当时中国没有清偿借美之款，按照此法案规定，中国属于"不得再贷借"之列，因而宋子文"只借得彼邦过剩之棉麦而归"。这就是 1933 年 5 月成立的"美棉麦借款"。

由于上年中国农业丰收，粮价下跌，所以此项借款贷借前后，各省农、棉厂商等团体迭发通电，认为这项借款使大量美国棉、麦冲击中国农产品市场，造成谷贱伤农、破坏农业经济的后果，请求政府收回成命，停止续借美麦。有的还要求实行洋米进口加税，以保护国内粮农；也有一些厂商团体为了进一步压低棉、麦原料价格，鼓吹此项借款对国计民生有利无害。而上海面粉厂业同业公会则希望贷借美麦，但不附带美国面粉。南京政府财政部对上述通电一概不理，宋子文于1933年10月与美国金融复兴公司签订了《美棉麦借款合同》。

美棉麦借款是由美国金融复兴公司贷给中国政府5000万美元，规定其中4000万美元用于购买美国棉花，1000万美元用于购买美国小麦，所购棉麦只能在中国销售以免冲击世界棉麦市场。运华销售所得金额，归南京国民政府支配。该项借款分5次偿还，5年还清；年息5厘，每半年付息一次。该项借款以中国国内货物统税为第一担保，以海关救灾附加税为第二担保（此项附加税必须等归还美国粮食平价委员会全部债务后，方能移用）。由于中国农业正是丰年，美国棉麦在中国销售时遇到很大困难，南京政府不得不要求美国政府减少债额，后来实际债额为1708万多美元。据有关档案资料表明，来华美棉共159536包，合998万多美元；美麦323080吨，合600万美元；美粉338000桶，合110.5万美元，三项美国物资售价共计1708.6万美元。国民政府在美棉麦借款所得款项中，用于统制全国金融的约占40%，用于反共军事的约占36%，而直接用于国内经济建设的则很少。这一借款与上一借款相似，它使蒋介石获得了"剿共"的军费，也使美国推销了一大批过剩的农产品，转移了部分危机，并获得了极大的经济利益。但是这一借款使得中国国内棉麦价格受到很大影响，农民生活更加困苦；而且由于借款实际利率高达 8.63 厘还多（按合同规定年息 5 厘，但加上运输、保险及其他费用，等于增加利息 3.63 厘），所以它对中国的社会经济所起的作用是消极的。

1936 年 5 月两项借款未及偿清，美国粮食平价委员会和金融复兴公司的债务由华盛顿进出口银行继承。中国驻美大使代表政府与美银行重订棉麦借款修正合同，改发统一债券，延长还款期限。该借款本息于1944 年全部偿清。

蒋介石在军事上仿效德国的制度，聘请了一些德国军事顾问。而德国实业家们利用德国军事顾问的帮助，获得了中国政府购买军火、机器和兵工厂设备的订单。他们积极在中国寻求市场，向中国推销德国产品。1934 年 8 月德国资本家汉斯克兰与南京国民政府签订了易货贸易合同。德国政府认为这种易货贸易方式值得推广，就接受了汉斯克兰与南京国民政府所签订的合同，并于 1936 年 4 月与南京政府续订《中德易货信用借款合同》。

合同规定，德国政府给予中国政府以货物信用借款 1 亿马克，中国可用来购买德国工业品（其中主要是军火武器和工业设备），并以农、矿产品（主要是德国人感兴趣的钨、锑等特种矿产，用以重整军备）随时抵偿。此项借款利息及原料收账利息，双方皆以年息 5 厘计算，中国未动用的数目不付息。此项借款没有规定清偿的期限，随时可以延长，也随时可以结束。当时因为害怕引起日本的破坏与干涉，所以有关这项借款的洽谈不是经过正常的外交渠道进行，而是通过军方秘密进行，对外从未公布。据南京国民政府财政顾问 A. N. 杨格所引用的 1940 年外国一学者统计，这笔贷款截至抗战前已达 4000 万美元。按照这一数据，则中德易货信用借款就是战前中国最大的一笔外债。

中国抗日战争爆发后的一段时期内，这项合同仍然在执行，为中国抗战提供了一部分急需的军械、弹药等，而中国也给德国提供了钨、锑、锡等特种矿产品和大量农产品。1938 年以前，该合同无时间规定，1938 年 10 月德方派代表与国民政府行政院长孔祥熙在重庆口头约定：①该合同暂且规定继续有效一年。②在合同范围内，中国若付以现款时（因战事，中国难以保证充分供给农、矿原料），则德国须依照国际市价及出口货价计算，军械、弹药不在内。③各项军事工厂所用一切材料，以及半制造品（例如步枪枪管等材料）、汽车等皆可供给。④在最近 4 个月内德国输华步枪子弹 22000 万发，10 厘米及 5 厘米炮弹数万发，中国应同时负责给予德国矿产原料以为代价，应在 4 个月内供给三四千吨钨砂，三四千吨锡，3000 吨锑。⑤一年内中国供给德国合 7000 万马克的货物，其中 50% 为矿产，即平均每月中国供给德国钨砂 500 吨，锡 500 吨，锑 300 吨。而德国给予中国以循环不停的 1 亿马克借款，年息仅 5 厘。此后，这一借款执行情况不详。这些史料反映了在中国抗战初期，德国政府内亲日派还未完全占上风时，中德两国之间按照易货信用借款协定，仍然有大量的物资和资金往来。

 ## 3 抗战前南京政府的铁路外债

1931~1937 年间南京政府所举借的外债较大者还有几笔铁路借款，这与南京国民政府标榜要实现孙中山的铁路建设计划有密切关系。

国民政府在 1929 年 1 月作出了限期完成粤汉、陇海等铁路的计划。与国民政府建都南京相适应，国民政府把铁路建设的重点放在长江以南，准备建成一个以南京为中心的铁路网。为了在资金、设备、技术等方面得到外国资本主义的支持，国民政府较为注重对铁路外债的整理。1929 年南京政府铁道部也成立了铁路债务整理委员会，对过去的铁路外债进行整理。在债务整理过程中，通过"削减利率、免除复利、减付本金及展期偿付"等方法，到 1937 年 6 月底中国政府减少外债负担 3.38 亿元。在偿还外债本息方面，1935 年南京政府铁道部偿还已整理的各路债款本息达 2500 余万元，约占当年全国国有铁道营业现金收入的 16.7% 。这些债款的偿付，虽然对恢复债信有利，但也使国有铁路的正常营业和扩大再生产受到影响，而使债权国得到很大好处。尤其是在日本已经占领中国东北、中日矛盾日益尖锐的情况下，南京政府不仅没有废止关内胶济、南浔、平汉等铁路所欠的日债本息，反而加以整理，一律保证按期偿还，被史家认为是

"失策之举"。而日本人则就这些偿款对当时日本的作用评价道:"这对日本国际收支提供了贡献。"

1934年国民政府着手整理外债后,预期其后将出现"大宗外资输入",宋子文、孔祥熙、宋子良等决定成立"中国建设银公司",规定公司的"使命"是经理欧美各国对华投资活动,并把经营铁路投资作为一项主要任务。

据统计,1931~1933年间中国政府铁路外债有近20笔,但是其中除了1933年3月铁道部向法国巴黎工业电机厂举借的5000万法郎的购料借款以外,数额都不大。1934年以后,随着铁路外债的整理,各铁路债券在国外市价也逐渐上涨,铁路债信也大大增加。从世界经济大危机中逐渐恢复过来的西方各国资本,对于"参加中国铁路建设深感兴趣,极愿投资",于是出现了各国投资中国铁路的新高潮,用著名经济史学家宓汝成先生的话来说,西方列强开始了对中国铁路权益的最后一次激烈争夺。

宓先生认为,这次争夺是以德国攫取中国铁路权益为契机而迅速展开的。德国过去在中国山东等地的侵略权益,被日本趁第一次世界大战爆发,德国无暇顾及之时夺取。到了20年代中期以后,德国垄断资产阶级在美、英等国扶植下,已经迅速恢复了实力,又开始图谋在中国复活它的势力。在1929年开始的世界经济危机中,德国生产资料的生产剧烈下降,德国垄断资产阶级为了谋求出路,刺激生产,曾经于1930年派出经济考察团到中国东北活动。经过考察,德国主

动表示愿意以借款名义投资 4000 万元，"协助"东北
地方当局修建通辽—洮南—齐齐哈尔—黑河、吉林—
穆棱—依兰、葫芦岛—赤峰—多伦这三大干线铁路系
统。

　　1931 年九一八事变以后，德国不得在东北继续活
动，就把活动重点地区转到长江流域。1934 年 3 月德
国奥托·华尔夫公司在与南京政府商定合作举办铅、
钨等采矿业的同时，又与中国银行和铁道部签订了
《玉山南昌铁路合同》，由奥托·华尔夫公司向中国铁
道部提供修建浙赣铁路的车头、车辆、路轨、桥梁等
铁路材料，价值 800 万元，作为奥托·华尔夫公司对
南京政府提供的借款，年息 7 厘，以玉山—南昌铁路
的车辆、材料及盈余等为担保品。1936 年 2 月德国奥
托·华尔夫公司又按照同样办法与中国铁道部签订了
《浙赣路南萍段借款协定》，由德方提供 1000 万元法币
的材料垫款，年息 7 厘，用于中国完成南昌—萍乡段
铁路的修建。南京政府利用这些材料借款修建浙赣铁
路，首先是为进行反革命"围剿"的迫切需要服务；
德国资本利用浙赣铁路，除了扩张其在华势力以外，
也为了便利其购运中国江西、湖南等省的有色金属。
南京政府还与德方初步商妥，在浙赣铁路修成后，再
接着商议赣闽铁路（江西上饶经南平至福州）的借款。
日本认为南京政府此举侵犯了它的势力范围，一再施
加外交压力，德国对日本作了让步，使赣闽铁路计划
流产。德国垄断资产阶级另一组织——西门子公司所
代表的联合钢铁出口公司，也与南京政府铁道部进行

了整理平汉线借款和关于开筑湘黔铁路的材料借款的谈判，结果于 1936 年 11 月，南京政府与德国奥托·华尔夫公司、联合钢铁出口公司、爱森钢铁公司和克虏伯钢铁厂等达成总价值为 4000 万元法币、年息 6 厘的材料借款。该借款合同规定，其中 1000 万元用于修理平汉铁路黄河铁桥，3000 万元用于开筑湘黔铁路（预定从湖南株洲经湘潭、新化到贵阳，后因抗战发生，工程半途而废）。总计从 1934 年至 1936 年两年间，德国资本在中国得到的铁路权益，就长度计有 2000 公里，路线从中国东海岸的杭州，向西横穿浙、赣、湘、黔等省，直达内地重镇贵阳。

德国在华势力的急剧膨胀，引起了其他帝国主义国家的不满，特别是因为它所攫取投资利益的铁路线路通过长江流域，更引起英国的不安。英国除了因德国投资的浙赣线穿过英国势力范围而向南京政府提出抗议外，也加强部署资本攻势。当时粤汉铁路的南北两端早已筑成，中间株洲—韶关段却一直没有动工，南京政府决定完成粤汉线。英国以香港为据点，也希望向华中扩张。中英双方商定，用尚余庚子赔款英国部分的 2/3 充作建筑粤汉铁路的费用。英国还要求在此路全线接通（1937 年）前，粤汉与广九两路接轨。这个细节也反映了英国亟愿完成粤汉线的用心。1934 年 6 月南京政府铁道部与中英庚款董事会签订了 150 万英镑、年息 5 厘的完成粤汉铁路借款合同。1936 年，英国中英银公司主动提供了 110 万英镑、年息 6 厘的完成沪杭甬铁路借款。5 月，该公司、中国建设银公司和铁道部签订了这项借款合同。合同规定中国政府照借款票面价额八八实收，年息6厘，每半年付息一次；并规定如果"以此项所借之款向外洋订购建筑材料，应尽先向银团所荐之投标商家采购"。同年12月，英国怡和洋行、汇丰银行及中英庚款董事会与中国铁道部达成了90万英镑的京赣铁路（南京—江西贵溪）借款协议。汇丰银行董事长还代表英国政府通知南京政府，英国愿意提供1000万英镑的借款给中国建筑铁路。英国想通过巨额贷款与德国在华势力抗衡。国民政府随之与中国建设银公司、中英银公司签订了广州—梅县、梅县—贵溪、浦口—襄阳、三水—梧州等铁路借款合同。

法国在20世纪初曾从俄国手中取得正太铁路的投资权益，但根据借款合同，1932年债款偿清后，法国势力必须从该路退出。法国为了继续保持这一既得权益，在中国即将偿清此项借款前不久，便主动要求提供大同—潼关、太原—大沽这两条铁路的建筑贷款，条件是要以正太铁路的财产和收入作抵押；另外正太铁路继续任用法国人为车务长，原来正太路上的法国代表改为总稽核，仍然留在铁路上。南京政府在法国利诱下，力图与之达成借约，但是由于受到山西地方军阀阎锡山的阻挠和日本人的反对，未成事实。尽管如此，南京政府仍然允许法国人续任已偿清法国债款的正太铁路的车务长，并任命一法国人为总稽核。这样，正太铁路"名为接收，大权仍操诸法人之手"。南京政府铁道部部长顾孟余因此而受到监察院的弹劾。

法国长期以来把中国西南地区当做它的势力范围。不过，它在第一次世界大战前从中国政府手中得到的铁路投资权益，经过二三十年后都早已处在实际作废的状态。随着日本侵占中国东北和德、英等国加紧在华获取铁路权益的活动，法国也用种种口实企图谋求中国西部地区的铁路投资权益。1935 年法国巴黎工业公司向中国铁道部贷放了 1000 万元的完成陇海路西宝段借款。同年，以中法工商银行为代表的法国"欧洲企业银团"与中国建设银公司签订了合作合同。中国建设银公司为了它自己和法国银团的利益，力图垄断西南地区的铁路权益，提议组织川黔铁路公司，先建筑成渝铁路，然后再确定其他线路。中国建设银公司凭借政治权势，左右铁道部的决策，于 1936 年初由铁道部为一方，中国建设银公司与法国银团为另一方，签订了有关草约，到年底签署了正式合同，由法国银团提供 3450 万元法币、年息 7 厘的成渝铁路工程贷款。根据合同规定，法国银团不仅取得了成渝铁路的投资权益，还得到投资贵阳—昆明线的优先特权。此后，出现了"川黔铁路公司"这样一种"国家资本"、"公司组织"、"商业化经营"的新型铁路经营方式。法国银团还无力实现贵昆线的优先权益，而由东方汇理银行、法国滇越铁路公司和巴黎工业公司组成的法国另一资本集团也投入竞争，要求承办贵昆铁路，得到南京政府同意。两个法国资本集团为了争夺中国贵昆铁路的权益发生了纠纷，后来在法国政府干预下达成妥协：法国银团扩大组织，让东方汇理银行加入。

新法国银团与南京政府签订了草约，由法国银团承包贵昆铁路工程，并享有关于工程稽核、会计稽核方面的用人特权。

美国垄断资本也一再宣传"中国的最大需要是铁路"，并派遣由国际贸易巨头和铁路技术专家等组成的"中国经济调查团"到中国考察市场情况和修建铁路的前景。南京政府对美国调查团提出，希望先修建下述铁路：①从粤汉线某地"通往物产丰饶、人口众多的四川成都的铁路"；②"横贯贵州，通往以产锡著名的云南的铁路"；③由此路"向南分歧，修筑一条穿过广西到达海口的铁路"；④从广西南宁"通往一个能够成为深水良港的地点"的铁路。南京政府一再表示，所有这些铁路，"欢迎外国的援助"，尤其希望美国"务必给予援助"。后来美国华盛顿进出口银行（美国政府金融机构之一）与南京政府商定，美国先向中国出售机车、车辆等，如进展顺利，再对中国铁路做进一步投资。

西方其他国家资本也加紧对华铁路投资活动。1936 年 8 月，铁道部通过中国建设银公司，与比利时铁路电车公司签订了展筑陇海路材料合同，比利时方面为宝成线工程提供 45 亿比利时法郎、年息 6 厘的材料贷款。同月，铁道部就浙赣铁路换轨工程与捷克钢铁公司达成协议，由捷克方面提供 600 万元法币、年息 6 厘的材料贷款。荷兰资本也对中国铁路进行了一些投资。

1937 年这一铁路借款的高潮仍在继续。在高潮中，

107

一方面大量外债的筹措，为这一时期中国铁路建设提供了资金；另一方面，西方帝国主义列强在中国划分和争夺势力范围的活动，也严重干扰了中国铁路建设的合理规划和发展。后来由于抗战爆发，上述有些借款合同没有执行。

日本在 1937 年前，除了设法阻挠德、美等国势力在中国东北、福建等地的铁路投资活动外，还以"开发华北经济"为名，策划由日本提供资金和材料，中国提供劳力和土地，在华北"合办"铁路等。国民党政府采取"拖"和"推"的策略来应付日本。当军事入侵华北的布置就绪时，日本帝国主义就把它一再纠缠要求谈判的所谓"华北经济问题"突然停下来，于1937 年 7 月 7 日悍然发动了全面侵华战争。

抗战时期国民政府的外债

1937 年日本帝国主义发动大规模侵华战争，中国东部沿海富庶地区被日本侵略军占据。因抗战军需开支大大增加，而东部沿海关税、盐税等过去国民政府的主要财政收入来源断绝，国民政府财政状况极为困窘，依赖外债的程度增加。

战时国民政府的外债，从时间上来看，大致可分为两个阶段。1937～1940 年为第一阶段，这一阶段提供借款的国家以苏联和法国为主。苏联积极帮助中国抗战，以军火和军需品形式贷款给中国。在抗战前期法国对中国抗战也提供了较多的贷款援助。而此时美、英对中国与日本双方采取骑墙态度，对中国的援助较少，唯恐触怒了日本人，使英、美在远东的利益受到损害，所以对华贷款不多。1940～1945年为第二阶段。这一阶段由于苏联忙于对付法西斯德国，而法国则败降于德国，这两国对华贷款停止。对中国提供借款的国家主要是美、英。在这一阶段，特别是太平洋战争爆发后，美、英两国都受到日本的攻击，损失惨重。中国成为美、英的盟友。美、英一改过去"坐山观虎斗"的态度，转而向中国提供巨额借款，意图通过为中国提供武器和金钱，让中国军队拖住日军兵力，不让日军抽出更多的兵力来攻击它们。

苏、美、英等大国在中国抗战期间，纷纷参照战前德国的做法，对中国进行易货贷款。这主要是因为苏、美等国在战前形势紧张需要备战时，及战争爆发以后，都急需购置和储存重要的战略物资，中国的钨、锑、锡等特种矿产以及桐油、生丝、猪鬃、茶叶等农产品为它们所需要；而国民政府急需国外军火、设备和资金，只有用国内农矿产品来偿付。因此，易货贷款成为国民政府在抗战时期最主要的举债方式。

1938年3月，在国民政府外援很少的情况下，苏联率先对华提供经济援助，与中国国民政府在莫斯科签订了《中苏第一次易货借款合同》。合同规定，苏联向国民政府贷款5000万美元，以供国民政府购买苏联的军火、工业品及设备等。中国自1938年10月起，每年偿还1000万美元，偿还时一并交付已使用贷款之利息，以苏联所需要的茶、皮革、锑、锡、锌、钨、丝绸等商品及原料作价偿还。苏联给中国的借款条件非常优惠：不要抵押品，利息仅为年息3厘，其军火售价比市价还低。1938年7月和1939年6月苏联又分别向国民政府提供了5000万美元和1.5亿美元的易货借款，其用途、利息和偿还办法，都与上一次相同。因中国所购苏联物品多系军用，主要是常规武器、坦克、军用卡车等，所以向苏联购物事宜由国民政府军事委员会直接经办。至于易货偿债事宜，矿产部分由资源委员会主办，农产品部分由财政部贸易委员会主办。这一时期中苏易货偿债的活动基本上是在平等互利的条件下进行的，苏联供给中国的物资支援了中国的抗战；而中国以农矿产品偿付债务，也合乎苏联本身的战略利益。据有关资料记载，1938～1941年，中国政府用苏联提供的借款，向苏联购买了九批军用物资，而中国运交苏联的矿产品有钨砂31177吨，锑10892吨，锡13162吨，汞560吨，锌600吨，钕18吨。

上述三次易货借款，合同上共计2.5亿美元，不过中苏第三次易货借款原定为1.5亿美元，后来由于苏德战争爆发，实际只借用了0.73亿美元，所以中苏这三次易货借款实际上共计1.73亿美元。另外据国民政府经济部官员透露，中苏之间还有两次借款，"一为第四次中苏易货借款美金5000万元，二为第五次中苏易货借款美金638.5万元"。也有学者认为，这第四、五次中苏易货借款，实际并未执行。总的来说，在中国抗战初期，主要西方国家采取观望态度之时，苏联雪中送炭，对中国提供了数额巨大、条件优惠的贷款援助和物资援助，对支持中国抗战起了很大作用。

1938 年 4 月法国银行团与中国建设银公司、国民政府签订了湘桂铁路南镇段（南宁—镇南关）借款合同。合同规定，法国银行团向中国政府提供价值 1.2 亿法郎的铁路器材作为材料借款，用以修筑南宁—镇南关的铁路。另外，法国银行团再向中国政府提供 3000 万法郎的现金，以充作铁路建筑工程用款；借款年息 7 厘，期限 15 年。次年 3 月，因订购机车、车辆需要，签约各方又签订第一号附约，增加借款数额。此项借款先后总计有 1.8 亿法郎、14.4 万英镑。中国政府以盐余、铁路财产及其收益、广西矿税及其他国税为担保。该项借款所筑铁路，本来对于中国政府来说，在东部沿海口岸被日军占领情况下，具有连接西南广西等省通往越南出海口的国际交通线的重要意义，但是由于对战局变化估计不足，路基工程完成不久，日本侵略军已在钦州登陆，正加紧侵犯南宁。为了防止已成路基被日军所用，又将其掘毁。两年多努力的成果，在日本侵犯下化为乌有。

抗日战争爆发后，国民政府除决定在广西和越南之间建筑铁路，借越南海防作为一个出海口以外，还筹划在印度洋方面另辟一条国际交通线。英国也想趁机向中国西南地区扩张势力。1938 年 3 月国民政府曾与一家香港英商达成初步协议，联合修筑从四川成都经叙府至云南昆明，经腾越出国境，与缅甸铁路相连的铁路线。法国政府得知此事，急忙出面干预。法国驻华大使借口法国享有承办钦渝路的权益，要求叙昆筑路资金由法国提供。经过几番斡旋，终于在 1938 年 11 月由中英公司、法国银行团和中国建设银公司三方在伦敦达成了共同投资川缅铁路（包括以后的滇缅、叙昆两路）的合作协议。三团体向中国政府交通部游说：铁路建成后，不但可把昆明与缅甸仰光、越南海防联结起来，还可以经叙府与正在施工或计划兴建的成渝、宝成两路相连，等等。中国政府与英、法达成协议，以四川、云南两省铜、锡、钨、金、铅、煤或石油等采矿权，全部充作抵押品，由英、法贷款修建滇缅、叙昆两路。这时日本警告英国，如果英国给予中国军事意义的援助，则香港的安全将受到影响。英国对投资叙昆铁路迟疑不决。法国趁机图谋独吞叙昆铁路投资权益，向国民政府要求单独讨论该路借款问题。1939 年 12 月，中法签订《叙昆铁路借款合同》，法国提供 4.8 亿法郎的贷款，年息 7 厘，借期 15 年，以该路财产收益及普通盐余（盐税收入还债后的余额）作担保。双方同时又签订《叙昆铁路矿业合作合同》，使法国取得沿线 100 公里范围以内共同探矿与经营矿业之权益。合同签订不久，法国因欧洲战争吃紧，无法履行合同。1940 年 6 月以后，因法国投降纳粹德国，中方通知法国银行团停止执行合同。

1937～1939 年法国除了上述两项铁路借款外，还向中国提供了金融、材料信用等借款，共计 10.3 亿法郎。不过，由于局势变化等原因，借款合同实际执行的不多。

　　1939 年美国也对中国提供了一些贷款。美国政府与国民政府商定在美国和中国分别组织世界贸易公司和复兴公司，以商业公司名义经办贷款，购运销售桐油，以及购买美国物资等事宜。1939 年 2 月 8 日世界贸易公司分别与复兴公司、美国华盛顿进出口银行签订《购售桐油合同》和《中美第一次（桐油）借款合同》，美国华盛顿进出口银行提供的借款总额为 2500 万美元，年息 4.5 厘，中国银行担保。该项借款用于购买美国农工产品，中国用桐油分在 5 年内运美销售，以售价净收入的一半偿付借款本息，另一半在美国续购农工产品。这次借款开了中美易货借款的先河。

　　1939 年 3 月英国向国民政府贷放了 500 万英镑的平准基金借款，以稳定战时中国金融，便利中英贸易。抗战爆发后，上海等地金融市场发生混乱，国民政府为了稳定金融秩序，决定维持原来每 1 元法币合 30 美分或 1 先令 2.5 便士的汇率，为此，必须由中央银行无限制地供应外汇。这样做的结果，造成大量资金外流。抗战前夕，国民政府约有 2.5 亿美元的外汇储备，而到 1938 年 3 月国民政府已经损失了 0.9 亿美元的外汇，这时才将无限制供应外汇的做法改为审批供应。改行审批制度后，外商银行不同意，日本也对国民政府发动了货币战，在上海大量套购外汇。这时上海已经陷入日本军队手中，国民政府仍然命令中国银行在上海租界供应外汇，这使日本人占了极大的便宜。而国民政府之所以这样做，又是为了照顾外商，讨好英美。在抗战初期的中日货币战中，中国方面处于被动

挨打的地位。到 1939 年初，中国政府的外汇储备已经
枯竭，只好向英美乞援。英国政府决定帮助稳定中国
的法币，于是由汇丰银行和麦加利银行代表英国政府
出资 500 万英镑，以年息 2.75% 的低利率贷放给中国；
并与中国银行、交通银行签订平准基金合同，中国方
面也拿出 500 万英镑，合成 1000 万英镑的平准基金，
中英双方成立平准基金委员会对平准基金进行管理。
委员会由五人组成，中方二人，英商银行二人，另有
一人是由中国政府委派、经英国财政部认为合格的英
国人。平准基金成立后，在对付日本的货币战方面，
仍然处于被动局面。如果不是欧洲战争发生，基金很
快就要用光。于是英国后来又不得不再贷放新平准基
金借款。

　　1939 年 3～8 月英国还曾两次与中国国民政府签订
合同，对华贷放信用借款。这项借款洽谈时间较长，
直到英国贵族院通过信贷新法案后，英方才确定对华
贷款 300 万英镑。这项借款又分为两部分，即滇缅路
购车库券部分和五厘英金公债部分。滇缅路购车库券
部分于 1939 年 3 月由中国交通部与英国桑内克尔夫签
订购买载重汽车合同。合同规定车价除了 1/4 付现金
外，余额 18.8 万英镑发给库券，年息 5.5%，以中国
运入英国的农矿产品售价抵偿，还本付息期限为 4 年。
五厘英金公债部分，由于利率和担保等问题延至同年 8
月才订立合同，金额为 285.9 万英镑，用以订购英国
特种货物。该项债款年息 5 厘，由国民政府以运销农
矿产品抵英售价作为偿付本息基金，期限 14 年。中国

所订购的英国货物，由于不久欧洲战争爆发，英国限制购运出口，经国民政府不断交涉，英国才于 1943 年下半年放宽对输华物资的限制，但时隔数年，物价高涨，原定款额已经不够购买原货之用，于是商定多出的金额由英方先垫付，将来纳入新借款内。这样几经周折，这批货物才得以购运到中国。

1940 年 4 月美国华盛顿进出口银行对中国贷放了战时第二次借款。这笔借款又被称为"华锡借款"。借款总额为 2000 万美元，年息 4 厘，期限 7 年。借款由中国银行担保，担保品为中国云南所产之锡。这项借款用以购买美国农工产品，以华锡 4 万吨在 7 年内按年定额运售美国，作还本付息基金。

1940 年 9 月日本、德国、意大利三国法西斯势力进一步勾结，在柏林签订了军事同盟条约。为了反对法西斯国际军事同盟，美国也开始加强了对中国的援助。同年 10 月，美国华盛顿进出口银行对中国贷放了战时第三次借款，这次借款又名"中美钨砂借款"。借款总额为 2500 万美元，用以购买美国物料。借款年息 4 厘，期限 5 年，由国民政府担保。同时由国民政府资源委员会与美国金属准备公司签订约值 3000 万美元的钨砂售购合同，以中国钨砂售价的净收益抵偿借款本息。这是中美之间又一笔易货借款。

不到半年，中美之间又于 1941 年 2 月签订了战时第四次易货借款合同。由美国华盛顿进出口银行贷放给国民政府中央银行 5000 万美元，年息 4 厘，期限 7 年，由国民政府担保。中国以此款购买美国物资，以资源委员会与美国金属准备公司所签售购合同约值6000万美元的锡、锑、钨等金属售价抵还本息。

在中日货币战中，由于中方将维持法币汇率这一目标看得过重，为此投入了大量平准基金，而这些宝贵的外汇基金很大部分又被日伪方面套购去了，中方一直处于被动局面。到1941年初，所剩下的平准基金难以维持下去。因法币汇率与英镑、美元挂钩，英、美两国不得不在1941年4月同时向国民政府贷放平准基金借款。英国第二次平准基金借款数额仍为500万英镑，年息只有1.5厘。美国贷放的平准基金借款为5000万美元，年息也为1.5厘。此后，重新组织有中、英、美三方人员参加的新平准基金委员会，主持运用和管理平准基金。除此以外，美、英、荷三国还于当年7月份宣布冻结日本人和中国人在该国的存款，这有助于防止中国资金外流，使官方汇率得以维持在一定水平。

1941年英国对国民政府还贷放了第二次信用借款，其数额为500万英镑，用途限于购买英国本部和英镑区域各地的机器材料，借款年息为3.5厘。合同规定，由中国政府运英猪鬃、茶叶、生丝、锑品及其他双方同意的商品，售给英政府所同意之厂商，以此来抵偿借款本息。

重庆国民政府虽然借到了数额远远高于战前的外债，但是其财政仍然很困难。日军偷袭珍珠港后不久，1942年1月国民政府财政部长孔祥熙致函美国财政部长摩根索，以中美"存亡以共"要求美国贷给中国 5 亿美元的空前巨额借款。此事经美国参众两院讨论通过后，2 月由美国总统罗斯福致电蒋介石表示允诺。3 月中美双方代表在华盛顿签订 "美国财政援助借款" 协定。该借款数额高达 5 亿美元，协定中声明此项财政援助用于加强中国金融货币制度、资助生产、稳定经济关系、改良交通、供应租借法案以外的军事需要等方面，以增强国民政府的作战力量。而对于借款利率、担保物品、还本付息期限等都没有作出规定。双方仅仅议定，所有一切条件，俟战后事势进展，再作决定。美国具有较大的经济实力，等到日本偷袭美国，成为美国的凶恶敌人，而坚持抗战的中国成为美国的盟友以后，美国对中国的财政援助确实很大。此项借款数额空前，而且对于借款利率、担保物品、还本付息期限等都未作规定，这是很少有的。

1942 年 3 月美国国会还通过了 "租借法案"，其宗旨为盟国间互相援助，以抵抗法西斯侵略。据此，经美国政府建议，中美两国于 1942 年 6 月 2 日在华盛顿订立了 "中美租借协定" （又名 "中美抵抗侵略互助协定"）。协定主要内容为：美国将继续以防卫用品、防卫兵力及防卫情报供给中国；中国得到美国租借物资后，亦订有反租借（又名 "回惠租借"）协议，即中国直接以材料或劳务供应美军及机关的需要，或供给中国货币以帮助美军及机关在中国获得材料或劳务供应；未经美国总统同意，中国政府不得将租借物资转移给任何非中国政府官员、雇员等使用；战争紧急状态结束后，中国政府应将未毁坏、损失、消耗的租借物资返还美国。上列所供应的劳务及货币，按当时应给报酬及汇率折算，于双方清算时冲销。至于中国政府因此种援助而获得利益的酬答条件，商定等局势进展后，以不影响两国间的贸易，促进两国间相互有利的经济关系及改善世界经济关系为原则，再作最后决定。这一协定的执行，为中国抗战提供了大量的军用物资。有学者认为，这些美援虽然不是外债，但其作用类似于外债。

日军在 1941 年 12 月偷袭珍珠港美国海军基地以后，又袭击了英国在太平洋的战略基地新加坡。英国也和美国一起，对日宣战。在美国对华提供大量援助的同时，英国政府也宣布要援助中国。1942 年 2 月英国政府表示愿意以最高额 5000 万英镑的贷款，支持中国抗战。但是此项借款拖了较长时间没有兑现。经一再商洽，到 1944 年 5 月中英双方才在伦敦分别签订"中英租借协约"和"中英财政援助协约"。前者主要内容为，英国表示供给中国军队使用的武器、弹药及军事设备之价款不要求偿付，中国则应在对日战争结束后，将租借物品未消耗部分归还英国政府。后者主要内容为，英国供给中国总额不超过 5000 万英镑的贷款，其用途限于：①充作发行内债基金；②在英镑区域购料；③支付在英镑区域购料及与战事有关的劳务经费；④弥补以往信用借款购料不足之款项；⑤支付中国在印度、缅甸的部队薪饷及当地支出所需费用。以上各项用途，各定有限额。至于贷款利率、还本付息期限等条件，也与美国财政借款相似，等到战后局势进展，对中英双方相互有利时再作决定。

表4-1列举了抗战时期国民政府的主要外债。除此以外，在抗战初期国民政府还与法、比、捷、德、荷等国举借过一些外债。总的来看，抗战期间中国政府所借外债，笔数不多，但借款额却比战前大得多，超过国民政府战前所借外债总额的十多倍。在抗战期间，特别是抗战后期，由于是同盟国共同作战，抗击共同的敌人，因此这时中国政府举借外债的条件较为优惠。首先，借款按照全额提供，没有折扣；其次，借款利率较低，而且以实际动用额计算利息；最后，借款多系易货性质，无须现金偿付。另外，这一时期的借款一般不用提供担保，仅指定由中国运售农矿产品以售价抵偿。自从美国于1942年向国民政府提供了5亿美元的巨额贷款后，美国一跃成为中国政府的最大债主。中国抗日战争时期所举借的外债主要为军事财政借款，其中除了一部分用于稳定金融以外，大部分都用于在国外购买军用物资，这些外债及以租借物资形式的援助，在很大程度上解决了国民政府坚持抗战所必需的武器装备问题。抗日战争时期中国政府所举借的外债，对坚持抗战起到了很大的作用；而中国用于偿债的钨、锑、锡等特种矿产品及桐油、猪鬃、生丝、茶叶等农副产品，对于支援苏、美、英等国人民的国际反法西斯战争，也起到了一定作用。

表 4 – 1　抗战时期国民政府外债统计（1938～1944 年）

借款年月	借款名称	借款金额	年息
1938.3	苏联第一次易货借款	50000000 美元	3%
1938.7	苏联第二次易货借款	50000000 美元	3%
1939.2	美国第一次（桐油）借款	25000000 美元	4.5%
1939.3	英国第一次平准基金借款	5000000 英镑	2.75%
1939.6	苏联第三次易货借款	150000000 美元	3%
1939.8	英国第一次信用借款	3047000 英镑	5%
1940.4	美国第二次（华锡）借款	20000000 美元	4%
1940.10	美国第三次（钨砂）借款	25000000 美元	4%
1941.2	美国第四次（金属）借款	50000000 美元	4%
1941.4	英国第二次平准基金借款	5000000 英镑	1.5%
1941.4	美国平准基金借款	50000000 美元	1.5%
1941.6	英国第二次信用借款	5000000 英镑	3.5%
1942.2	美国财政借款	500000000 美元	
1944.5	英国财政借款	50000000 英镑	
合　计		920000000 美元 68047000 英镑	

说明：不包括未执行或仅少量执行者。

5　抗战胜利后的外债

　　经过中、苏、美、英、法以及全世界人民的团结战斗，意大利法西斯政权于 1943 年倒台；1945 年 5 月，苏军攻克柏林，希特勒自杀，德国无条件投降；8 月 15 日，日本宣布无条件投降，并于 9 月 2 日在投降书上签字，中国的抗日战争和全世界人民的反法西斯战争取得了伟大的胜利。曾经给全人类带来巨大灾难的德、意、日法西斯联盟，终于被彻底打败。由于德、意、日三国是战败国，所有该三国外债作为战争赔款一律废除，中国对此不再负担偿债责任。

第二次世界大战结束后，国际经济形势发生了巨大的变化。原来资本主义世界的强国中，德国和日本战败，它们的工矿企业基本上被摧毁，海外的财产等也作为战争赔偿被没收；英、法等欧洲国家在世界大战中遭受到巨大的破坏，经济实力大大削弱；美国本土远离战场，经济基本上没有受到战争损害，而且在战争中还发了财，成为世界上最强大的国家。1945年美国工业生产占整个资本主义世界工业生产的60%，美国的黄金储备占资本主义世界黄金总储备的3/4，美国的外贸额占世界对外贸易总额的1/3。美国在当时世界经济中的首富地位，对中国的外债影响极大。

第二次世界大战后，苏联和东欧的力量逐渐加强，成为美国的主要对手。美国从它的全球战略考虑，在西欧推行"马歇尔计划"，援助西欧各国经济复兴，以对抗苏联；在亚洲主要援助中国国民党政府，希望国民党能够"统一中国"，成为美国在亚洲的"伙计"。当时中国共产党的力量在坚持八年抗战中越战越强大，势力已经扩展到西北、华北、华中和东北各地。美国对国民政府的援助不同于"马歇尔计划"，它除经济利益的扩张外，还有一个更重要的政治目的，即"援助国民党击毁共产党"。

经过巨大的战争创伤，中国百废待兴。但是，以蒋介石为首的国民党反动派，在美帝国主义支持下，又把中国拖入内战的旋涡。在内战规模不断扩大和通货膨胀日益严重的情况下，南京国民政府的财政赤字日趋庞大，对美援、对外债的依赖也越来越大。

1945 年 8 月日本刚刚宣布投降，宋子文就向美国政府提出 20 亿美元的"建设大借款计划"，确切预算是 20.83 亿美元。美国原则上表示同意。但由于这项借款数额过大，美国政府又在 1946 年初宣布，"对中国大规模的财政援助计划需推迟到中国政治经济局势能够提供更好的基础时再制定"。

不久，美国由抗战时期曾经手向国民政府提供过四次易货借款的华盛顿进出口银行出面，在 1946 年一年内向南京国民政府提供 5 笔数额在几百万至几千万美元的借款。

（1）1946 年 3 月美国华盛顿进出口银行与中国银行订立中美棉花借款合约，由美方提供 3300 万美元的贷款，专供中方采购美国棉花。合约规定，中国商人采购美棉时，应由中国银行纽约分行向华盛顿进出口银行申请发给美国棉商承兑书，美国棉商即按照承兑书开出期票，由中国银行签证承兑，中国银行两年内兑现，年息 2.5%。这项借款从 1946 年 6 月 10 日至 1947 年 7 月 10 日共动用了 3297.6 万余美元。按照期票两年期期限，自 1948 年 6 月起即应还本付息。中国银行鉴于外汇来源紧张，筹措困难，又于 1948 年 8 月与美方订立美棉贷款补充修正合约，延期偿付本息。

（2）同年 6 月南京国民政府与华盛顿进出口银行签订 1665 万美元的"铁道购料"贷款合同，以购买修复铁路用器材。该借款期票年息 3 厘，本金分 25 年偿还，每年还本付息两次。对于借款动用期限，原来写明应于 1947 年底截止，后因美国商人交货迟缓，余额不能如期用完，曾经两次延缓期限。

（3）1946 年 7 月华盛顿进出口银行与南京政府签订了"中美购买发电机贷款"合约，由美方贷放 880 万美元垫款，供南京政府在美国购置 5000 千瓦的发电机 10 台及附件设备等。该借款年息 3 厘，从 1951 年起分 25 年摊还，每年还本付息两次。合约还规定，南京政府应雇用华盛顿进出口银行所同意的工程师，以对用借款所购电机器材的设计、绘图、估价等负责，并监督装置电机设备等。该借款截至 1949 年 2 月，动支总额为 78.5 万美元。

（4）同年 8 月南京政府为了购买美国 16 艘旧船，与华盛顿进出口银行订立"中美购船借款"合约，由美方提供 260 万美元垫款，供国民政府在美国购买合约所列之轮船。国民政府需付船价时，应出具还款期票向华盛顿进出口银行支款。期票本金分 10 年摊还，年息 3.5 厘，每年还本付息两次。该项借款曾于 1947 年 2 月一次动用 254 万余美元。

（5）也是在 1946 年 8 月，南京政府与华盛顿进出口银行签订"中美采煤设备借款"合同，由美方借给南京政府 150 万美元，供南京政府在美购买采煤设备及器材。中方购买采煤设备及器材时，凭南京政府出具的期票由华盛顿进出口银行随时拨付垫款。期票自拨款之日起按年息 3 厘计息，本金自 1951 年起，分 15

年摊还，每年还本付息两次。该借款截至 1948 年 12 月已动用 147.5 万美元。

总之，1946 年华盛顿进出口银行向南京政府提供了 6255 万美元的借款，已知实际动用数至少在 5442.6 万美元。

在 1946 年 6 月，美国政府还与南京政府签订了"中美租借剩余物资借款"（又名"3C 租借接管借款"）协定，将美国战时租借财产及中国在 1945 年 8 月 18 日以前申请已获准而未交付的物资，由南京政府接购，其价值、运费等总计的 5890 万美元作为美国给中国的借款，分 30 年偿还。

宋子文在 1945 年 8 月向美国提出"20 亿美元大借款计划"后，又到加拿大活动。经过一番活动，到 1946 年 2 月先成立了中加信用借款，由加拿大政府向国民政府提供 6000 万加元的贷款，规定其中 2500 万元用以购买加拿大剩余的互助物资，另外 3500 万元用以购买中国复员所需的建设器材及支付费用。这项借款是加拿大政府追随美国政府对华政策的一个表现，同时加拿大也想趁机推销战后自己的剩余物资，因此在借款合约中还规定，除贷款以外，每隔半年，中方还应以数目至少相当于该半年内动支借款额 20% 的黄金和外汇，在加拿大采购物资或支付其他费用。借款合约还规定，1947 年中国采购完毕后，将动用借款本息合成一总数，由中国方面以同额加币债票交给加拿大财政部，年息 3 厘，分 30 年平均摊还。

国民党军队在内战中连吃败仗，使得美、加等国资本家对于贷款给国民政府产生了较多的疑虑。国民党的资源委员会在中国内战爆发后也曾派人到美国进行借款活动，但是华盛顿进出口银行董事长这时却毫不掩饰地对他们说："如果内战打胜了，交通和地方秩序恢复了，那么借款给你们买美国的机器设备去搞和平建设，是可以考虑的，是不成什么大问题的。但是目前蒋介石的军队打得不好，胜利看来没有什么把握。你说我们怎么能放心大胆借款给你们去办工厂呢？"到了1947年，中国人民解放军进入反攻阶段，美国给南京政府的商业性借款就很少了。

据记载，在1947年以后，只有国民政府交通部与美国航海委员会先后签订了4笔购船贷款合约，中国交通部向美国购买一部分战余旧船，价值2200万美元，中方付现金550万美元，另外1650万美元以年息3.5厘计息，作为美方的贷款，在14～17年内偿还。

1948年南京政府财政部长王云五为了顺利推行金圆券"改革"，也曾希望美国能拿出5亿美元的贷款来作后援。为此，王于9月下旬以参加国际货币基金董事会的名义专程赴美，向美国总统杜鲁门乞求援助，但是吃了一个闭门羹。美国主要关注的是中国内战的进展情况。

为了帮助国民党政府打内战，美国除了借款以外，还向南京政府提供了以军火及军需品为主的"二战"中美国的剩余物资。这些物资有的作为美国对南京政府的贷款，有的作为美国的"赠与"，大致情况可见表4－2。

表 4－2　美援物资一览表（抗战胜利后）

项　　目	赠与金额 （百万美元）	贷款金额 （百万美元）	说　　明
租借法案（战后）	513.7	181.0	兵器、飞机、坦克等军备物资及空运军队费用
油管贷款		50.3	战前订购油管继续交货
联合国救济总署物资（美国部分）	474.0		粮食、原棉、机器等，美国部分按 72% 计
善后董事会救济物资（美国部分）	3.6		美国部分按 72% 计
"中美合作"军事援助	17.7		由美海军拨交物资，主要是军火
美国援外物资	46.4		1947 年 5 月美援外法案拨 2840 万美元，12 月美紧急救济法案拨 1800 万美元
剩余物资售卖	抵价 150.0	55.0	美军在中国、印度等地剩余卡车、船只、空军器材等，美方估价 9 亿美元
华西剩余物资售卖	抵价 64.5	20.0	
华北剩余军火	未作价		军火 6500 吨，未计价让与
海委会船只售卖	抵价 9.8	16.4	
船坞设备售卖		4.1	
海军船只让与	141.3		
剩余军备售卖	抵价 6.6		
经济合作总署物资	193.2		1948 年援华法案拨 2.75 亿美元购粮食、石油等，至 1949 年 3 月 11 日实支 1.932 亿美元
1948 年军事援华	124.1		1948 年援华法案拨 1.25 亿美元军援，至 1949 年 3 月 11 日实支 1.241 亿美元
总　　计	1744.9	326.8	

综上所述，在抗日战争胜利后，美国向南京政府提供了约 5 亿美元的贷款援助及 20 多亿美元的“救济”、售让、赠与等物资援助。这些美援，主要是为了帮助国民党政府打一场“美国出钱出枪、蒋介石出兵”的屠杀中国人民的内战，“援助国民党击毁共产党”，而对于中国的经济建设没有多大益处。

除了美国以外，战后只有加拿大曾向南京政府提供了一笔 6000 万加元的贷款。英、法等旧中国政府的老债主，由于在第二次世界大战中受到沉重创伤，还要靠美国援助，它们本身已无力对华贷款。

* 　* 　* 　* 　* 　* 　* 　* 　*

纵观国民党统治时期的政府外债，在 1933 年以前，包括美麦借款和美棉麦借款在内，总额约合 4000 多万美元；1934～1937 年间，按照 A. N. 杨格的计算，南京政府得到并且实际使用的铁路借款总额约合 4000 万美元；至 1937 年中期按照中德易货信用借款协定，南京政府为了工业和军事目的，从德国得到的信贷数额，大约也相当于 4000 万美元。因此这几年中国政府得到并利用的外债总额共约 12000 万美元。此外，德、英、法、比等国资本已答应供给，已经达成协议，但未曾动用的铁路贷款，加起来总数也有 8000 万美元。还有数千万美元以上的信贷正在谈判和拟议中。抗日战争前南京政府实际使用的外债约合 1.2 亿美元。抗日战争期间国民政府所借外债笔数不多，但借款额却比战前大得多，以美元计超过国民政府战前所借外债总额的 10 多倍。抗战胜利后，在 1946 年一年内国民政府向华盛顿进出口银行举借了 6225 万美元的贷款，向加拿大政府举借了约 6000 万美元的贷款，两者相加，就与抗战前国民政府实际使用外债的数额相近；再加上 1947 年以后的外债，及由美国援助物资转化的贷款，数额就是抗战前外债的 4 倍多。总的来看，国民党统治时期外债有不断增加的趋势。从表 4 - 3 也可以看出，尽管在抗战前经过外债整理，中国政府外债积欠额略有下降，但由于新借外债不断增加，后来中国政府所积欠的外债额迅速加大，债务负担越来越重。

表 4 - 3　国民党统治时期所借外债分国表（各年积欠额）

单位：百万美元

年份	日本	英国	美国	法国	德国	苏联	其他国	总计
1930	373.3	162.9	50.8	102.7	93.6	—	113.9	897.2
1936	258.2	150.1	64.4	90.9	89.4	—	161.1	814.1
1940	330.6	174.9	132.9	81.1	93.0	250.0	158.7	1221.2
1948	—	399.9	1025.1	71.1	—	—	214.2	1710.3

表 4 - 3 是根据吴承明等所著《中国资本主义发展史》第三卷有关表格数据改编而成，它虽然是几个重要年份政府外债的积欠额，但仍然可以大致反映在国民党统治时期所借外债中各国比重的变化。从表中可以看出，在 1930 年中国政府所欠外债中，日本占据首位，其次为英、法、德，1936 年时各国数额虽有变化，但位次仍然大致如此。到 1948 年情况已经发生很大变

化，美国不仅跃居首位，而且它的数额比其他各国总和还要多50%，美国已经成为国民党政府的头号大债主。

国民政府所借外债的用途，如前所述，主要用于战争，只有很少部分用于发展经济。抗日战争时期用于战争的外债，具有国际支援中国反对日本法西斯的意义，其作用应当肯定；而用于内战的外债，其性质是反动的。

五 总的评价

　　我们对近代中国，从清政府、北洋政府到国民党政府的外债史做了一个大致的了解。有一点很明显：近代半殖民地半封建中国的外债，不仅仅是个经济问题，更是外国资本—帝国主义在华争夺政治、经济权益的一个焦点问题。西方资产阶级学者 C. F. 雷麦就认为，"只要借款一经成立，某一国家在华的政治势力，即使不能用债务数目来测量，也可用债务数目来表示，这已经成为一种传统了"。特别是在甲午战后，帝国主义列强之间为了争夺在中国的借款权，时而紧张对立，甚至以武力相威胁；时而相互妥协，组织国际银行团来垄断对华贷款权；时而又背着国际银行团单独活动。很多重要外债是帝国主义强加在中国人民身上的。帝国主义列强利用对华贷款，不仅通过高利息、大折扣等，获得了很高的投资利润，还以此加强了对旧中国政府的控制，强化了在旧中国争夺势力范围、扩张侵略权利的活动。从近代中国外债史的主体来看，近代对华贷款确实是外国资本—帝国主义侵略中国、奴役中国的主要工具，是帝国主义列强对华资本输出的主要方式，也是列强在半殖民地半封建的中国争夺势力范围、争夺侵略权益的重要手段；旧中国的反动政府则通过外债勾结外国侵略势力，镇压中国人民的反抗斗争和进行内战。

在正常情况下，一国政府为了国民经济的健康发展，对外债规模应当有所控制，使得国家债务负担不至于过重。但是在旧中国，特别是在甲午战争以后，清政府为支付对日赔款不得不大举借债，西方列强趁机勒索，抢夺贷款权益，贷款规模已失去控制；北洋军阀统治时期更是滥借外债，列强又提出更为苛刻的条件，致使中国债务包袱越背越重，资金大量净流出。发展经济学中常用"债务负担"这一指标衡量一国负债情况，"债务负担"通常以一国在一定时期的外债总额与国民生产总值（GNP）的比例来表示。从表 5 - 1 可以看出中国甲午战后债务负担越来越重的情况。

表 5 - 1　1894 ~ 1930 年中国债务负担

单位：百万关两,%

年　份	A(外债结欠额)	B(国民生产总值)	A/B(债务负担)
1894	13. 5	4325. 9	0. 3
1920	441. 7	10445. 1	4. 2
1930	1279. 7	18258. 6	7. 0

有人认为，从长远来看，外债偿还能力的唯一决定因素是外资对整个经济生产率所作的贡献，常用"外资利用效率"来衡量，而"外资利用效率"通常也用债务在 GNP 中的比重变化来表示。如果这一比重

逐渐变小，说明外资利用效率高，不仅可以促进经济增长，而且也增强了偿债能力。但是从表 5-1 可以发现，甲午战后中国债务在 GNP 中的比重越来越大，说明当时中国外资利用效率越来越低。

外资利用效率低，与外资投向结构有很大关系。合理的外资投向结构应有利于国内经济发展。近代著名实业家张謇在论及借外债之事时曾强调："外债可借，但借时即须为还计。用于生利可，用于分利不可，而用之何事，用者何人，用于何法，尤不可不计。"但是我们从近代中国外债史实中可以看出，在抗战前财政军事借款占借款总额约 2/3，帝国主义贷放这类借款的目的如前所述，在于掌握中国政治，控制中国财政，扶植帝国主义代理人。这类贷款中很大一部分又转化为购买外国军火等款项流往国外，对于中国来说，只是助长了军阀之间的内战。抗战时期的主要财政军事借款，如前所述，具有国际反法西斯力量的相互支援的意义，其作用应当肯定。

借款总额剩下的 1/3 中铁路、电信借款占八九成，工矿借款约占一成。应当承认，这些借款中有些客观上能缓解中国资金周转的困难，对于中国经济近代化有促进作用，当时用贷款修筑的一些铁路，至今仍是中国陆路交通的大动脉。但是需要指出的是，铁路、电信借款中有许多被挪用于财政军事目的，而工矿借款如前所述，也多数带有高利贷性质，并附有其他苛刻条件，就像汉冶萍借款那样，从长远看并不利于中国资本积累。所以总的看来这一时期外国对华贷款对于中国近代化的资金供给有益的成分很小，中国反要为此付出巨额债息等，所付出的代价大大超过所得利益。

一位外国学者在比较中、日、俄三国近代经济发展历史时指出，三国都有吸引、利用和控制外资的问题，日、俄在"利用那些可能成为剥削他们的人这方面较为成功"，而中国由于"较弱的政治结构"，造成很大的损失。所谓中国"较弱的政治结构"实际上就是帝国主义侵略使中国沦为半殖民地，帝国主义在华扶植其代理人的后果。半殖民地半封建的中国，是不能有效地控制和利用外资的。

参考书目

1. 吴承明编《帝国主义在旧中国的投资》，人民出版社，1955。

2. 〔美〕雷麦著《外人在华投资》，蒋学楷等译，商务印书馆，1959。

3. 刘秉麟编著《近代中国外债史稿》，生活·读书·新知三联书店，1962。

4. 汤象龙著《中国近代财政经济史论文选》，西南财经大学出版社，1987。

5. 徐义生编《中国近代外债史统计资料（1853～1927)》，中华书局，1962。

6. 宓汝成著《帝国主义与中国铁路》，上海人民出版社，1980。

7. 汪敬虞著《十九世纪西方资本主义对中国的经济侵略》，人民出版社，1983。

8. 许毅等著《清代外债史论》中国财政经济出版社，1996。

9. 《民国外债档案史料》，档案出版社，1989。

10. 《中国社会科学院经济研究所集刊》第 10 集，中国社会科学出版社，1988。

11. 曹均伟著《近代中国与利用外资》，上海社会科学院出版社，1991。

《中国史话》总目录

系列名	序号	书名	作者
物质文明系列（10种）	1	农业科技史话	李根蟠
	2	水利史话	郭松义
	3	蚕桑丝绸史话	刘克祥
	4	棉麻纺织史话	刘克祥
	5	火器史话	王育成
	6	造纸史话	张大伟　曹江红
	7	印刷史话	罗仲辉
	8	矿冶史话	唐际根
	9	医学史话	朱建平　黄　健
	10	计量史话	关增建
物化历史系列（28种）	11	长江史话	卫家雄　华林甫
	12	黄河史话	辛德勇
	13	运河史话	付崇兰
	14	长城史话	叶小燕
	15	城市史话	付崇兰
	16	七大古都史话	李遇春　陈良伟
	17	民居建筑史话	白云翔
	18	宫殿建筑史话	杨鸿勋
	19	故宫史话	姜舜源

系列名	序号	书 名	作 者	
物化历史系列（28种）	20	园林史话	杨鸿勋	
	21	圆明园史话	吴伯娅	
	22	石窟寺史话	常 青	
	23	古塔史话	刘祚臣	
	24	寺观史话	陈可畏	
	25	陵寝史话	刘庆柱	李毓芳
	26	敦煌史话	杨宝玉	
	27	孔庙史话	曲英杰	
	28	甲骨文史话	张利军	
	29	金文史话	杜 勇	周宝宏
	30	石器史话	李宗山	
	31	石刻史话	赵 超	
	32	古玉史话	卢兆荫	
	33	青铜器史话	曹淑芹	殷玮璋
	34	简牍史话	王子今	赵宠亮
	35	陶瓷史话	谢端琚	马文宽
	36	玻璃器史话	安家瑶	
	37	家具史话	李宗山	
	38	文房四宝史话	李雪梅	安久亮

系列名	序号	书　名	作　者
制度、名物与史事沿革系列（20种）	39	中国早期国家史话	王　和
	40	中华民族史话	陈琳国　陈　群
	41	官制史话	谢保成
	42	宰相史话	刘晖春
	43	监察史话	王　正
	44	科举史话	李尚英
	45	状元史话	宋元强
	46	学校史话	樊克政
	47	书院史话	樊克政
	48	赋役制度史话	徐东升
	49	军制史话	刘昭祥　王晓卫
	50	兵器史话	杨　毅　杨　泓
	51	名战史话	黄朴民
	52	屯田史话	张印栋
	53	商业史话	吴　慧
	54	货币史话	刘精诚　李祖德
	55	宫廷政治史话	任士英
	56	变法史话	王子今
	57	和亲史话	宋　超
	58	海疆开发史话	安　京

系列名	序号	书名	作者
交通与交流系列（13种）	59	丝绸之路史话	孟凡人
	60	海上丝路史话	杜瑜
	61	漕运史话	江太新　苏金玉
	62	驿道史话	王子今
	63	旅行史话	黄石林
	64	航海史话	王杰　李宝民　王莉
	65	交通工具史话	郑若葵
	66	中西交流史话	张国刚
	67	满汉文化交流史话	定宜庄
	68	汉藏文化交流史话	刘忠
	69	蒙藏文化交流史话	丁守璞　杨恩洪
	70	中日文化交流史话	冯佐哲
	71	中国阿拉伯文化交流史话	宋岘
思想学术系列（21种）	72	文明起源史话	杜金鹏　焦天龙
	73	汉字史话	郭小武
	74	天文学史话	冯时
	75	地理学史话	杜瑜
	76	儒家史话	孙开泰
	77	法家史话	孙开泰
	78	兵家史话	王晓卫

系列名	序号	书　名	作　者
思想学术系列 （21种）	79	玄学史话	张齐明
	80	道教史话	王　卡
	81	佛教史话	魏道儒
	82	中国基督教史话	王美秀
	83	民间信仰史话	侯　杰
	84	训诂学史话	周信炎
	85	帛书史话	陈松长
	86	四书五经史话	黄鸿春
	87	史学史话	谢保成
	88	哲学史话	谷　方
	89	方志史话	卫家雄
	90	考古学史话	朱乃诚
	91	物理学史话	王　冰
	92	地图史话	朱玲玲
文学艺术系列 （8种）	93	书法史话	朱守道
	94	绘画史话	李福顺
	95	诗歌史话	陶文鹏
	96	散文史话	郑永晓
	97	音韵史话	张惠英
	98	戏曲史话	王卫民
	99	小说史话	周中明　吴家荣
	100	杂技史话	崔乐泉

系列名	序 号	书 名	作 者
社会风俗系列（13种）	101	宗族史话	冯尔康 阎爱民
	102	家庭史话	张国刚
	103	婚姻史话	张 涛 项永琴
	104	礼俗史话	王贵民
	105	节俗史话	韩养民 郭兴文
	106	饮食史话	王仁湘
	107	饮茶史话	王仁湘 杨焕新
	108	饮酒史话	袁立泽
	109	服饰史话	赵连赏
	110	体育史话	崔乐泉
	111	养生史话	罗时铭
	112	收藏史话	李雪梅
	113	丧葬史话	张捷夫
近代政治史系列（28种）	114	鸦片战争史话	朱谐汉
	115	太平天国史话	张远鹏
	116	洋务运动史话	丁贤俊
	117	甲午战争史话	寇 伟
	118	戊戌维新运动史话	刘悦斌
	119	义和团史话	卞修跃
	120	辛亥革命史话	张海鹏 邓红洲

系列名	序号	书　名	作　者	
	121	五四运动史话	常丕军	
	122	北洋政府史话	潘　荣	魏又行
	123	国民政府史话	郑则民	
	124	十年内战史话	贾　维	
	125	中华苏维埃史话	温　锐	刘　强
	126	西安事变史话	李义彬	
	127	抗日战争史话	荣维木	
	128	陕甘宁边区政府史话	刘东社	刘全娥
近代政治史系列（28种）	129	解放战争史话	汪朝光	
	130	革命根据地史话	马洪武	王明生
	131	中国人民解放军史话	荣维木	
	132	宪政史话	徐辉琪	傅建成
	133	工人运动史话	唐玉良	高爱娣
	134	农民运动史话	方之光	龚　云
	135	青年运动史话	郭贵儒	
	136	妇女运动史话	刘　红	刘光永
	137	土地改革史话	董志凯	陈廷煊
	138	买办史话	潘君祥	顾柏荣
	139	四大家族史话	江绍贞	
	140	汪伪政权史话	闻少华	
	141	伪满洲国史话	齐福霖	

系列名	序号	书名	作者
近代经济生活系列（17种）	142	人口史话	姜 涛
	143	禁烟史话	王宏斌
	144	海关史话	陈霞飞 蔡渭洲
	145	铁路史话	龚 云
	146	矿业史话	纪 辛
	147	航运史话	张后铨
	148	邮政史话	修晓波
	149	金融史话	陈争平
	150	通货膨胀史话	郑起东
	151	外债史话	陈争平
	152	商会史话	虞和平
	153	农业改进史话	章 楷
	154	民族工业发展史话	徐建生
	155	灾荒史话	刘仰东 夏明方
	156	流民史话	池子华
	157	秘密社会史话	刘才赋
	158	旗人史话	刘小萌
近代中外关系系列（13种）	159	西洋器物传入中国史话	隋元芬
	160	中外不平等条约史话	李育民
	161	开埠史话	杜 语
	162	教案史话	夏春涛
	163	中英关系史话	孙 庆
	164	中法关系史话	葛夫平

系列名	序号	书 名	作 者	
近代中外关系系列（13种）	165	中德关系史话	杜继东	
	166	中日关系史话	王建朗	
	167	中美关系史话	陶文钊	
	168	中俄关系史话	薛衔天	
	169	中苏关系史话	黄纪莲	
	170	华侨史话	陈 民	任贵祥
	171	华工史话	董丛林	
近代精神文化系列（18种）	172	政治思想史话	朱志敏	
	173	伦理道德史话	马 勇	
	174	启蒙思潮史话	彭平一	
	175	三民主义史话	贺 渊	
	176	社会主义思潮史话	张 武 张艳国 喻承久	
	177	无政府主义思潮史话	汤庭芬	
	178	教育史话	朱从兵	
	179	大学史话	金以林	
	180	留学史话	刘志强 张学继	
	181	法制史话	李 力	
	182	报刊史话	李仲明	
	183	出版史话	刘俐娜	
	184	科学技术史话	姜 超	

系列名	序号	书名	作者
近代精神文化系列（18种）	185	翻译史话	王晓丹
	186	美术史话	龚产兴
	187	音乐史话	梁茂春
	188	电影史话	孙立峰
	189	话剧史话	梁淑安
近代区域文化系列（11种）	190	北京史话	果鸿孝
	191	上海史话	马学强　宋钻友
	192	天津史话	罗澍伟
	193	广州史话	张磊　张苹
	194	武汉史话	皮明麻　郑自来
	195	重庆史话	隗瀛涛　沈松平
	196	新疆史话	王建民
	197	西藏史话	徐志民
	198	香港史话	刘蜀永
	199	澳门史话	邓开颂　陆晓敏　杨仁飞
	200	台湾史话	程朝云

《中国史话》主要编辑
出版发行人

总　策　划	谢寿光	王　正	
执行策划	杨　群	徐思彦	宋月华
	梁艳玲	刘晖春	张国春
统　　筹	黄　丹	宋淑洁	
设计总监	孙元明		
市场推广	蔡继辉	刘德顺	李丽丽.
责任印制	郭　妍	岳　阳